てもらえると思う。

私は今年43歳になり、結婚をし、3人の子どももいるが、現在家族は日本で暮らしている。その原因も従業員とのトラブルが原因で身の危険を感じるようになったためだ。現在は上海で単身赴任の日々を送っている。

本書は「序章」を入れて全部で5章構成になっている。

序章では、私が中国で起業する以前の話を書いた。日本の某大手製菓会社に就職し、中国との貿易部門で働いていたときの話である。その頃に知り合った中国人に誘われてともに塗[illegible]げた話を第1章に書き、結局それがうまくいかず、自分で会社を設立した話[illegible]た。第3章では合計10年近く中国で過ごしている私の目から見た、中国・中[illegible]第4章では、会社運営の顛末を記した。

[illegible]コネもなく中国で起業するなんて自殺行為以外のなにものでもない。本書[illegible]をもって味わった私の体験記である。

目次

第2章　トラブルまみれの会社運営

第3章　大嫌いだが憎めない中国と中国人

第4章　最終的に私の会社はこうなった

※元のレートは、1元＝15円で計算しています

序章　私が中国で会社をつくるまで

初めての中国とのビジネス

外国語大学で中国語を専攻した私は、卒業後、大手製菓会社に就職することができた。150名の同期の中で中国語が話せるのは私1人だけであり、入社式では中国語で自己紹介をした。

将来の中国駐在メンバーとして期待されていた私は貿易部門へと配属されることになった。中国から食品原材料を輸入して日本の客先に販売する担当である。これが私の中国を舞台にしたビジネスのはじまりとなった。今から約20年前のことである。

取り扱う商品は少々変わっており、メンマ、きくらげ、シイタケ、たけのこ、餡、栗などの食品原材料だった。出張には必ず、客先の社長か専務が中国出張に同行することになっていた。時には社内の上司も「俺も同行させろ!」と言い出す始末である。1ヶ月に一度ほどの頻度で行われる出張での私の役目は客先の役員のエスコートだった。ただし、これはただのエスコートではなく、毎回非常に疲れるものだった。

まずは成田空港で待ち合わせをするところから始まるのだが、飛行機に乗ってからすぐ「ビール!　酒!」である。彼らにとっては一生に一度あるかないかの海外出張であり、仕事というより旅行気分なのである。

成田から上海までは飛行機で約3時間かかる。飛行機の中でアルコールが回ってくると、客先からは当然のように女性の話が出てくる。どこで聞いてきたのか必ず私にこう囁くのである。

「中国の女の子は一晩2万円ぐらいで買えるらしいね」

ようは「手配しろ!」ということである。これはどの客先も同様に要求してきた。そんなに女性がほしいなら日本でなんとかすればいいのにと思った。

ある客先の部長は私のそんな気持ちを悟ってか、「本当は日本で行けばいいんだけど、会社が田舎にあるので、そういうところに行った翌日には皆に知れ渡ってしまうんだよね」と言い訳をしてきた。私は「知るか! じゃあ、東京で行ってください!」と言いたくなるのを我慢するしかない。

上海での宿泊先は5つ星ホテルだった。若い私にとっては嬉しい限りだが、飛行機といい、ホテルのグレードといい、学生時代に経験した中国での貧乏旅行とはまったく違うわけである。面白みに欠けると同時に、夜はKTVに客先を案内し、中国の女性を紹介しなければならないと思うと複雑な気持ちがした。

ちなみにKTVとはカラオケが置かれた中国のキャバクラのことであり、交渉次第で女性を連れ出すことができる店も多い。しかし、女性と一緒にホテルに帰るのは中国では完全な違法行為であり、中国にある原材料の仕入先に依頼して手配してもらうことが多かった。

当時はＫＴＶには日本語の楽曲もほとんどなく、女の子の話す日本語も片言であり、「よく会話が何時間も持つなあ」と感心するばかりだった。中国の仕入先の社長は嫌な顔もせず遅くまで付き合ってくれていたが、今考えるとそんなはずはないのだ。彼らの立場からすれば、自国の女性を昔戦争で侵略された国の男性に紹介するために飲みにいっているのである。

しかし、中国人は実にしっかりしている。うわべでは最上級の笑顔を見せておいて、心の中では金のことしか考えていないのである。飲み代や女性へのチップは最初から輸出コストの中に組み込まれているのだ。

また、このような接待があった翌日に貨物検品や価格交渉をするのだから、客先は飲み代どころか、もともとの価格を釣り上げられてしまうわけである。しかし、出張者は会社の利益が下がっても問題ないという考え方だから毎回お世話になるのだ。

私は年間20回前後、中国出張をしていたが、そのうちの半分ぐらいは必要のないものだった。しかし、中国という国に面白みを感じていた私は中国に行きたい一心だった。そのために特に中国商材の販売は必死になってがんばった。その結果、毎年１３０～１５０％の売上目標を達成し、優秀社員に選ばれることができた。

地方の横暴な警察官

ある日、メンマの産地視察で中国の広東省《カントンショウ》へ客先の団体10名を案内した。マイクロバスで移動する団体視察だったが、内心「購買部や営業部や取締役だの、そんなに大人数での出張が必要なのだろうか」と思っていた。しかも10日間ときたものだ。同行者は製菓会社からは私1人である。毎回の点呼が非常に面倒だった。

かつては台湾がメンマの主生産地だったが、人件費高騰や人手不足もあり、同じような気候の中国広東省へと産地が移行していった。広東省に着いた私たちは産地に直行した。山が5つぐらい見えるが、そのすべてが業者の持ち物であり、メンマの原料となる麻竹林である。日本とはスケールが違いすぎる。しかし、彼らの悩みは盗人が多いことだった。そのため10人もの警備員を昼夜2交代制で監視させるのである。中には銃を持つ警備員もいた。

田舎町ということもあり、レストランは少なかった。夜円卓3つを囲んで日本人歓迎パーティーが開催された。

私の隣に座ったスキンヘッドの中国人男性はよく煙草を吸ってよく飲んでいたし、膝に美女が座っていた。その姿勢では煙草を吸いにくそうだし、足も痺れているようだった。別々に座ればいいのだが、彼は女性から離れようとしない。

業者の社長が来て私に彼を紹介した。彼は現地の警察トップであった。彼といい仲になればこの町では何でも許されるとのことであった。完全なる無法地帯である。

食事が終わり、署長の案内で我々は警察署横の大型ＫＴＶに行った。しかし中は汚く、2日前ぐらいの食べ残しのピーナッツが平然とテーブルの上に置かれているような店だった。仕方なく私がテーブルの上やソファーの掃除を行うことになった。

一応座れるようになって日本人団体が座った。いつも不思議に思うことだが、日本人はこのような場面で必ずあらかじめ1人分の空間をあけて座る。女の子が隣に必ず来ると思っているのである。もしそういう店ではないと分かった時、どういうふうに間を詰めていくのか一度見てみたいものだ。

この店はそういう店であったので女の子が何人か現れた。見る限り、昨日まで農作業をしていたような若い女の子達である。「日本人団体が来るらしい！」と今日聞いたＫＴＶのママが慌てて人数分をかき集めたのだろう。

警察署長は必ずリベートをもらっているはずだ。署長がやってきて得意げに「どの子でも持ち帰りＯＫだ！」と私に訳させた。客先からは「この子達は見た目で無理だよ！」との返事である。私はこういう時板挟み状態になる。そしてなぜか日本人客先へ「すみません！」

と頭を下げるのだ。

2時間ほど飲んで皆でホテルに帰ろうとした時、取締役の後ろから若い女の子が1人ついてくるのを発見した。階段を下りて大通りまで出ても後ろについてきた。

業者に確認してもらったところ、取締役が筆談で彼女に冗談で「結婚」と書いたらしい。それを彼女は本気にしてしまったのだ。彼女にとっては一生に一度のチャンスである。冗談であることを説明すると彼女は大声で「うそつきー！」と叫び出し、警察が来る大騒ぎになった。

警察署長は我々の友達だから彼女が100％悪者と判断された。その後警官はまるで犬を追い払うかのように彼女を警棒で叩いて追い払い、私はその光景を目の当たりにして激しいショックを受けた。彼女がいなくなったのを見て安堵感を漂わせる日本人団体と口もききたくなかった。

上海に戻った一行は最終日にＫＴＶで遊ぶことを要求してきた。これも仕事だと自分に言い聞かせて手配をし、楽しい気分を味わってもらった。帰国後その客先へ私はフリーパスで入れる身分になった。取締役の取り計らいである。私に対する評価は高く、毎年適量のオーダーをくれたのだ。

客先や上司にノーが言えないのがサラリーマンである。しかしノーと断るボーダーラインはどこに引けばいいのかよく悩むのだ。

中国出張中にいろいろな日本人駐在員に出会う機会があった。上海のKTVでたまたま出くわした日本人駐在員がパンツ一丁で踊っていた。彼とトイレで一緒になった時、酔っている彼が「俺もこんなことやりたくないよ！　でも盛り上げないと客先が発注くれないんだよね！」とパンツ一丁で深刻に呟いていた。

中国人が日本のスナックでパンツ一丁で客先接待している光景なんて見たことも聞いたこともない。日本人としての誇りを大事にしてほしいし、日本人の悪い印象を中国人に与えないでほしいものである。

魅力的な中国人、丁成《テイセイ》との出会い

その後、私は3年ほど上海に駐在し、日本と中国の原材料の仲介役として仕事を続けた。駐在生活を終えて日本に帰国すると海外事業本部配属となり、2年間タイ、香港、台湾、韓国、シンガポールといった国を担当した。いずれの仕事も楽しかったが、どうしても私は中国が忘れられなかった。上司に再度中国駐在を申請したが却下された。

中国で仕事をすることを諦められなかった私は辞表を提出し、中国で事業を行っている電子会社に転職をした。入社して初日から私は台湾台北駐在の勤務になった。このまま希望していた中国での仕事ができるかもしれないと思っていたが、中国事業がつまずいてしまい、中国駐在は取り止めになった。

落胆した私だったが、その頃、中国で積極的に展開していた建築関連の塗料会社と知り合う機会があった。エネルギッシュな中国で仕事をしたい一心だった私は電子会社に辞表を出し、この塗料会社に転職した。所長代理職を経て入社3ヶ月で念願の上海駐在の勤務が認められた。

ここから3年間、私は70人の部下を抱えた上海事務所所長として、日本本社との板挟みにあうことになった。日本本社の会長は伝説の老人で当時すでに80歳を迎えていた。ワンマン会長である。

中国には1970年代に進出するもだまされて大損失を出した経緯があり、中国人を信用していない、というよりも日本人を、自分の息子さえも信用していないのである。よっぽどのことがあったのだろう。今の私には理解できる部分が多いが、当時は理解できるはずもなく、苦しい立場に立たされた。

1つは給料問題である。

7年前に入社した中国従業員が手取り2000元（約3万円）からスタートしており、毎年の最高昇格昇給ができても7年で最高3000元（約4万5000円）にしか至らない社内規定である。

しかし、私が上海事務所所長になった当時、新入社員採用は4000元（約6万円）になっていた。つまり、7年前から働いていた従業員よりも、新入社員のほうが給与が高くなってしまうのだ。これでは古参の所員たちは面白いはずがない。所員たちのベースアップを本社に特別申請するが却下され、人材確保に苦労することになった。

もう1つは本社会長がスパイを使って事務所所員の動向を探り報告させていることであった。そのため、スパイが嫌う人物は会長に変な報告をされ飛ばされるのである。

私の所長時代に真面目に働いていた所員が首になった。とばっちりを受けたのは私である。首になった所員にさんざん罵倒され、ものを投げられた。

しかも、後日、私の悪口が本社で飛び交うことになった。もちろんスパイが発信源である。このスパイは物流担当であり、物流会社から相当の金銭をもらっていた。

所長職を拝命した私はこれが許せず、物流会社を変更し更にこのスパイを摘発したのだが、結果は本社会長からスパイに対する御咎めはなしだった。スパイを擁護したのだ。それ以降スパイからの逆襲と物流会社からの仕返しと、所員からは給与規定見直しの要求に見舞われてほとほと疲れ果てた。

日本本社で私のブラックメールが流れた頃、私は1人の中国人と知り合った。

江西省《コウセイショウ》出身の丁成《テイセイ》という男で私より5歳年下であった。屈託のない笑顔と何とも言えない高めの声と表現力で人を魅了する不思議な力を持っていた。初めてこのような魅力的な人物に出会った。

一緒にいて楽しいのである。吉本芸人のようなこの男は出会った当時大型のベンツを乗り回し、綺麗で大きな事務所を構えており、なんといっても勢いを感じた。私を「所長！」と呼び、兄のように慕ってくれる姿に胸をうたれたのだ。

日本本社会長とのやり取りに疲れていた私は丁成の誘いを受け、丁成が社長、私がナンバー

2の総裁という役割で、塗料会社を興すことにした。

その決め手となった誘いの一言とは「所長！　いや兄貴！　中国一の塗料工場を一緒につくろう！」であった。鳥肌が立った。

第1章　中国人とともに会社を立ち上げる

たちまち資金がなくなった

最初に誘いを受けた時、実は1週間ほど検討して丁成に断りの連絡を入れた。

これまでは日本企業で働いてきたが、中国企業ということになると厚生年金や今後の保障などの対応に不安を感じたためである。しかし、断りの電話を入れるとすぐに丁成は上海の私の自宅に3度も現れて懇願したのだ。まさに三顧の礼である。

その姿勢に心を動かされた私は重い腰を上げ、雇用契約書にサインをした。少し疑問と焦りを感じたが頭の中で打ち消した。すでに大阪の塗料会社には辞表を提出していたから後戻りはできなかったのである。

辞表を提出した時、上海の部下数人が私についてくるといって手を上げた。彼らからしてみれば、私は金のなる木に見えたのだろう。後日、このついてきた連中が反乱を起こすことになるとは思いもしなかった。このことはさんざん三国志などを読んで研究したつもりだったが、なんの役にも立っていなかった。

新しい会社のある寧波《ニンポー》という街に移り住み、2万平方メートルの工場をリースし、大型設備を買い入れた。これはすべて丁成の資金である。従業員も50人ほど雇用し、会社の操業にこぎ着けた。

　ここまで大胆な投資を行う丁成に感心していたが、実は資金がまったくなかったことが後日分かった。入社3ヶ月目で給料がストップしたのだ。財務に確認をすると会社のメインバンクには2000元（約3万円）しか残っていないというのである。

　私は目の前が暗くなった。リース費用や諸経費を計算すると固定経費で毎月50万元（約750万円）以上は必要である。なぜこんなことになってしまったのか。

「どうするつもりなのか？」

　丁成に確認をすると「すぐお金が入る！」の一点張りである。慌てて集金表をまとめてみるが、以前の入金先がすべて丁成の個人口座であるため、回収残高も分からない始末だった。あまりの事態に真っ青になったが、更に翌日信じられないことが起こった。

　綺麗な大きな机とソファーが工場に届いたのである。丁成に確認をすると、私の机だという。当然、支払いはしていないはずだが、丁成は机とソファーを指差して屈託のない笑顔でこう言った。

「所長のために各地を回って選んできた！」

　私は、演技が本当にうまいなあと思いながら、折角だから座ってみた。日本で一度座らせてもらった本社会長の椅子より座り心地がよかった。悪い気はしなかったが、会社の危機はこれっぽっちも去っていないどころか、更に悪化している。

翌日家具メーカーの社長が工場に来た。楊《ヨウ》という人のよさそうな中国人である。

聞くと当社が買い付けた家具一式で60万元（約９００万円）とのことで、まだ一銭ももらっていないという。こういう時は中国では契約書があってもまったく役に立たない。品物は届いたが金は払われないなどという話はそれこそ無数に転がっている。

丁成は逃げた。白羽の矢は日本人である私に立つことになった。

楊は私に詰め寄った。

「日本人は信用ある民族です。ここに支払を保証するとサインして下さい！」

楊が必死になるのも理解できるが、私にとってみたら冗談ではない。私はこの日からなるべく宿舎にいることにした。

その後、丁成を見つけた楊は金魚のフンのように丁成を追いかけまわした。トイレや寝るところまで根気よく追いかけたが、金のない丁成は一向に支払わないので根負けして結局会社に来なくなった。しばらくの間家具一式は工場に置かれたままだった。

ストライキで従業員が工場長を監禁する

夏に入ると工場の生産準備も整い、試運転の段階に入っていた。この頃から私は寧波市内のマンションを引き払い、生産工場宿舎へ住居を移転していた。

宿舎は4階建てで1階は食堂、2階はワーカーの住む8人部屋が連なり、3階には技術屋の2人部屋が並んでいる。そして4階は幹部の個室と、鉄の扉で仕切られた廊下の先に女性の部屋が並んでいた。

私は4階にあるシャワー・トイレ別の部屋に住んでいて思ったより快適だったが、困ったのは空調がなかったことである。会社には資金がなかったので空調を買うことができず、寝苦しい夜が続くことになった。

この頃丁成は資金借入のため毎日銀行関係を回っていたので、工場には来なかった。代わりに丁成が昔から親しくしていた張《チョウ》という男が突然現れて、工場長に就任した。

私はこの会社において総裁というナンバー2の役職についていたが、人事権も財務権もないただの雇われ代表である。50歳近い、小太りでドスの利いた声が印象的な張工場長は私のことを上司だと思っていなかった。特に人事権を自由に行使するのには驚かされた。門番やコックに自分の知り合いをつれてきて勝手に就職させるありさまである。

私は毎日のように張と衝突した。衝突というよりも喧嘩である。毎日の口喧嘩で最後に張が言うのは決まって日中戦争のことである。周りに中国人しかいない環境でこれを出されると、日本人である私が何も言えなくなることを張はよく知っているのだ。日本人はいつまで中国人にこのように首根っこを掴まれなければならないのだろうか、と悔しくなる。

張がつれてきたコックは料理が下手で、食堂でとる料理は本当にまずかった。コックがメニューを考えようとしないので、仕方なく私が毎週の献立をつくり、コックに渡した。

食堂がオープンして2ヶ月目に丁成が急遽食券制を導入すると発表した。

当時工場には50人近くが寝泊まりしており、毎日の食事の材料費はバカにならなかった。財務にお金がない時は私が立て替えており、私も気が気ではなかった。食券制を導入することで、材料費に困ることはなくなったが、中国人従業員たちは味と量に文句をつけ始めた。現金なやつらである。

仕事もほったらかしてコックと従業員との喧嘩が始まった。コックと購買がつるんで原材料をちょろまかすので、一食5元（約75円）もする昼食がお粗末なものになってしまったのである。

ある日、皆の怒りが頂点に達し、紛争が起こった。働かざるもの食うべからずとは日本のことわざだが、中国は働かざるもの食うこと優先であり、どんなに仕事がなくても、また仕事が忙しい時でも食事を優先するのである。まあ確かに中国で生活をしていると食事以外に楽しみはないのだ。

最初、5人の従業員がコックに食ってかかった。

「コックが原材料をちょろまかして自分たちだけいい思いをし、我々はろくなものを食べていない！」

彼らはもっともなことを主張している。これに対してコックは出刃包丁を持って対応し、めったやたらに振り回し始めた。幸い誰も怪我をすることはなかったが、もう少しで誰かを切りつけるところだった。

この頃になると給料の未払いが半年間続いており、皆殺気立っていた。食堂に異様な雰囲気が充満し始めている。このままでは危険だと判断し、その場をなんとか収め、私も急いで宿舎の自分の部屋に戻った。

この事件が切っ掛けとなり、50名近くの労働者によるストライキが始まった。しかし、社長の丁成は工場におらず、私も宿舎にこもっている。

皆の厳しい目は工場長である張に注がれた。もとはといえばコックをつれてきたのは張であり、自業自得である。前々から張のことを快く思っていなかった従業員たちは工場内に張を監禁したのだ。

3日が経過し、張が寒さと空腹で音を上げ始めた頃、カップラーメンと煙草を私の名義で差し入れした。その上で私は交渉人として乗り込み、張の監禁を解くことに成功した。張がこの後、私の方針に従うようになったのは言うまでもない。

しかし、張が監禁されている間、警察も動かなかったし、誰も助けようとはしなかった。そのことを考えるとぞっとした。

中国では人が集まる場所では必ず権力争いが起こる。ようはお山の大将決めだが、新しい会社が立ち上がった時にはこの争いだけで1年近くの時間を無駄にするのだ。結果的に私はストライキを利用することで張を抑え込むことができたが、私が代わりに監禁されていたとしてもまったくおかしくなかったのである。

中国では資本家の甘い話に注意

給料の未払いが半年を過ぎ、丁成との話し合いの場をもった。

本人にまったく悪いという認識がないことに驚いたが、彼いわく「もうすぐ1000万元（約1億5000万円）の資金が手に入る」ということだったので、一緒にその投資会社を訪問することにした。

投資会社の代表者である廉《レン》は50歳前後の寧波人だった。

事務所も車も立派で、「最大3000万元（約4億5000万円）まで投資してもいい」と自信満々に語った。丁成は身を乗り出して聞いていたが、私はそんなにうまい話があるのだろうかと半信半疑だった。

中国にはこういった投資家が数多く存在する。気をつけなければならないのは投資家と称して実際は金を持っていない輩も多くいることである。

起業家が資本家を欲する時というのは当然資金を必要としているわけであり、藁にもすがりたいという心境である。こういった偽投資家は起業家が困窮している時を待っており、余裕がある時に面談をする機会は非常に少ない。

偽投資家は人の焦りの気持ちを弄ぶように、ずかずかと人の心や場所に入ってくる。たっぷりと優越感を満喫し、投資をするからという甘言を囁き起業家に接待をさせる。そして飲食に飽きた頃に起業家の問題点を探り出し、理由をつけて去っていくのである。

私もこのような輩何人もに貢いできた。贅沢な料理、酒、ＫＴＶを数回堪能した後、実際の契約に入ることはないのである。偽投資家は事業計画書の原稿を何回も書かせて時間稼ぎをする。こうなるともう新手の詐欺である。

このようなことを繰り返せば、起業家の接待で一年中美味しい料理を食べることができる。また、このような投資家は友人からの紹介で会うことが多く、相手の身辺調査をするのは失礼だという意識があるため、露骨に素性を調べることもできない。巧妙なトリックである。

私が嫌な予感を覚えていた廉との交渉は約半年間、進展を見せなかった。廉は何度も会社にやってきてその度に経営方針の説明を繰り返させた。また、廉の部下が何度もやって来てその度に接待をさせられた。

会社を乗っ取ろうとする動き

投資家廉と交渉している間に会社は新たな局面を迎えていた。

丁成の部下２人が私にこう囁いてきたのである。

「このままでは会社はダメになります。私たちでこの会社を立て直しましょう！」

この時点で会社設立から９ヶ月ほどが経っていたが、建築用の塗料の発注はあるものの、資金繰りは目処が立たず経営が行き詰まっているのは誰の目から見ても明らかだった。

私に吹き込んできた２人は韓《カン》と王《オウ》という女性の取締役だった。この２人の寧波人は教育レベルが低く、裏切りや乗っ取りしか考えていない悪者だった。今思い起こせば悪い顔をしていたが、丁成やその周辺の人間の顔付きに見慣れてしまっていたせいだろうか、私はその判別もできない状況だった。

韓と王は私を担いで反旗を翻そうとしたのである。丁成の経営能力には疑問符がつくし、見通しの立たない組織運営の中で正常な判断能力を失っていた私は、まるで三国志の一場面のような展開に少し興奮していた。

その後、投資家である廉と反逆者韓、王と私の間で寧波市内や上海に場所を移しての密談が繰り広げられた。

人に見つからないように日々場所を変えて、また巧みに丁成の部下を呼びつけて引き抜きにかかった。技術者、生産管理、品質管理、営業部長の引き抜きに成功した。丁成の信用のなさは驚くほどで、技術者たちはあっという間に新天地への移動を快諾した。

思うに中国の社会は、密告、裏切り、反逆という言葉が似合うもので、信頼、信用、責任という言葉はまったくふさわしくない。しかし引き抜きを図った技術者の1人が我々を裏切ったことから、事態は急展開した。

反逆が丁成の知るところとなり、投資家廉は投資の取りやめを表明、反逆者韓と王は丁成から呼び出しを受けた。結果、心配していたとおり、韓と王は私に全責任を押し付け、再度丁成の傘下に返り咲いたのである。韓と王の何事もなかったかのような態度に驚いた。

こうなるとまさしく四面楚歌である。ラストエンペラーの溥儀《フギ》のような立場になり、工場の宿舎に幽閉されることになった。ドアの外の物音に眠れぬ夜が続き、食堂で口にする食事にも細心の注意を払う日々を送ることになった。

1週間が経過し、丁成が私との和解を求めてきた。2人で執務室にこもって長時間にわたる話し合いを行った。

この場では互いに言いたいことを言い合った。その上で2つの選択肢に辿り着いた。

1つ目は、私から丁成への資金提供である。この頃の丁成は以前にも増して資金に困っていた。投資家廉も離れていき、銀行からも融資を受けられずにいた。

私は寧波に移る1年前に大阪の実家を売却したばかりだったので手持ちの資金はあった。このことを私は丁成に伝えていなかったが、実は丁成は知っていて、この場で切り出してきたのだ。こういう内容は交渉の切り札に取っておくために黙っておかなければならない。丁成は私にこう言った。

「今回の復縁を条件に、家を売った資金を会社に入れてくれ」

その上で株式を分割譲渡するということだった。

2つ目の選択肢は、恨み辛みもない別れであった。

中国ではこのような別れを望む場合が多い。いい出会いにいい別れという表現をするが、ようは良縁で巡りあったのだから、いい別れをしましょうということである。

しかし、実際にいい別れをしたという結末を見たことはない。これが日本とは大いに違うところである。

中国ではまずは知り合い、探り合い、理解し合い、利用し合うところから関係が始まる。ビジネス上ではもちろん、私生活においても中国人は互いに利用し合うために知り合うのである。

よくお酒の場で中国人からこのような言葉を聞くことがある。

「何かの縁で知り合ったのですから、今後ビジネス関係がなくても仲良くしましょう。我々は兄弟です。私は利益はいりません」

すべて嘘である。日本で言う「ただほど高いものはない」という言葉通りで、うかつに友人の紹介で食事に参加してしまうと後日数倍ものお金を使って彼らに接待返しをする羽目になる。たとえば、出張先で中国人にホテル代を出してもらった場合、後日彼らが出張に来た際には連日でホテル代と食事代を負担することになるのである。

このようにお互いに利用し合う状況が長く続くはずがない。片方の資金が尽きたり、性格の不一致や喧嘩などで必ずと言っていいほど別れることになるのである。

以前、この会社の社員で若い頃から親しい2人の男性がいた。

宿舎でも2人はいつも一緒で、食事も寝るのも一緒、本当に1つの枕で寝ている仲だった。しかし、ある日を境に片方が出世欲にかられ、もう片方を陥れることになるのである。

それ以降、2人は会社で毎日大喧嘩をするようになり、物を投げる、机を叩くなど、子ども同士のような振る舞いをするようになった。これが中国における別れの光景であり、いい別れなどそうそうあるはずがないのである。

丁成に資金提供をして復縁するか、それとも別れを選択するか、私は悩んだ。

長年付き合いのある香港人のコンサルタント会社の郭《カク》社長に相談したところ、わざわざ寧波まで会いにきてくれた。そして丁成と面会して、丁成を嘘つきと即時判断したのである。郭社長いわく、目付きと話す内容ですぐに嘘つきだと分かったということだ。第三者の目で判断してもらったことで、私の中で丁成の評価が定まった気がした。

また、投資の方向についても検討してもらったが、郭社長いわく、投資したところで日本人の名義では登記できないということだった。丁成にそのことを伝えると、丁成の友人の名義で投資をすればいいと要望してきた。これでは渡したら最後回収するのは不可能である。総合的に見て資金提供の方向は無理だと判断した。

結果として、別れを選択することにした。

辞表を書く必要はないということで、丁成から「あなたは今後も永久に私の兄です。お墓い申し上げます。いつでも弊社に戻ってきてご指導ください」という言葉をもらった。思った以上にあっけない結果だったので、少し安堵してその日は宿舎に戻って引っ越しの支度を調えた。

丁成による策謀

夕方、丁成から携帯に電話があった。

「夕食を共にしよう」と丁成は言い、「寧波の郊外で静かなレストランがあるからご招待します」と続けた。最後に兄弟2人で飲もうということだったので断る術もなく、宿舎から一旦寧波市内に新しく借りたマンションに荷物を下ろして郊外のリゾート地で待ち合わせをした。

円卓を2人で囲んで豪華な料理を食べて、紹興酒《ショウコウシュ》を少し飲んだ。思ったより酔いが早かった。あとから考えるとおそらく私がトイレに行った隙にクスリを紹興酒に入れていたはずである。小さなグラス2杯しか飲んでいないのに意識が朦朧としてきた。丁成は私に「大丈夫か?疲れすぎじゃないか」などと薄笑いを浮かべながら適当な看病をしていた。

そうこうしているうちに強面の男が5人ほど私たちのいる個室に入ってきた。そして何やら丁成と喧嘩を始めた。そのうちに1人が丁成を部屋から連れ出し、いなくなってしまった。部屋には中国人4人と私1人きりである。しかも私は身体が麻痺して動くことができない。

4人の中国人が突然喧嘩腰で私に問いかけてきた。中国生活が長い私は中国語の日常会話はほぼマスターしていたが、彼らが話しているのは異国の言葉のようだった。あとから分かったことだが、彼らの言葉は丁成の生まれ故郷である江西省の言葉だった。

言葉が通じないので普通は喧嘩になりようがないのだが、彼らはこれは喧嘩だと結論づけ、私に殴る蹴るの暴行を働いた。私は頭を抱えて身を守るだけで精一杯であり、これからどうなってしまうのか恐怖を覚えていた。

頃合いを見計らったように警官が登場した。助かったと胸を撫で下ろしたが、警察署につれていかれると、激しい尋問を受けることになった。

「なぜ、あそこにいたのか？　何を飲んだのか？　クスリをやっているのではないのか？　中国人に手を出したのか？」

私はさすがに疲れ果てて黙ってしまった。その上でパスポートを提出し、警官1名と小さな部屋で待たされた。

日本人だと分かった途端警官からは「我々中国は日本に侵略されて、南京ではたくさん人が殺された。日本人は鬼だ。お前はその子孫だ」と1時間近くにわたって恨み辛みの話を聞かされた。

思えば4歳の頃から中国を好きになり、言葉を学び、中国に移り住んで、その結果がこれである。中国への思いは私の勝手な片思いであり、事実中国人は日本人が大嫌いなのだ。そんな国にお金を持って飛び込んでいく日本人は本当にバカである。

しばらくするとリーダーらしき警官が帰ってきて、私に恨みを言った警官に耳打ちをした。その上で私はあっけなく解放された。送り出される時にリーダーらしき警官から、「丁成に伝えろ。外国人だったとは話が違う」と言われた。

すべてが分かった。この騒動を仕組んでいたのは丁成で、警察にも金を渡していたのである。しかし、事前に警察にターゲットが日本人だと伝えると、協力してもらえないかもしれないと思い黙っていたのだろう。

警察署のゲートを出た私はまずは背広のポケットを確認した。警察が抜いたのか、やくざ者が抜いたのか、財布から紙幣がなくなっていた。ブランドもののハンカチもなくなっていた。

だが、金がなくなったことよりも拘束されなくてよかった、日本人でよかったという安堵感が胸の中に広がっていった。私が中国人であればおそらく出てくることはできなかっただろう。やはり共産主義は怖いと感じた。ここはお金でなんとでもなる国なのだ。

幸いにも携帯電話は取られていなかった。丁成の携帯に電話をすると、すぐに彼は出た。

「心配しましたよー。大丈夫ですか？　今すぐ迎えにいくから動かないで！」

猿芝居である。

あんなに長い時間警察署にいたのになぜ助けにこなかったんだ、と言いたいのをこらえて三輪タクシーをつかまえ、財布に残っていた小銭8元で行けるところまで走った。丁成が迎えにくると、必ず別の手段で私を警察署に送り込もうとするはずである。

夜、何度も丁成から電話があった。

「今会いにいく！　心配だ！」の一点張りで、私は「すでに寧波のマンションに戻ったので心配するな」と一方的に伝えて電話を切った。寧波のマンションの住所を彼に教えていなくてよかった。

服を脱いでシャワーを浴びようとした時に初めて全身に怪我を負っていることに気付いた。特に足首の傷は深く、3、4年が経過した今でも歩くと痛みがある。応急処置をしてドアに鍵がかかっていることを確かめてベッドに横になった。

興奮でなかなか寝付けなかったが、変な酒のせいか、また感覚が麻痺し始めたようで、突然の深い眠りに落ちた。眠る時に、そういえば私を蹴ったり殴ったりしたあの連中は捕まらなかったなぁ、と悔しい思いを天井にぶつけた。

翌朝遅く起きると、携帯の着信履歴が埋め尽くされていた。すべて丁成からだった。彼は必ず「心配したので電話した！」と言うに決まっていた。

考えた挙句、会うことにした。何も持たず単身で行った。我ながら肝が据わっているというよりも学習能力がないということである。

丁成は市内の喫茶店を指定してきたが、そこは以前彼から中国マフィアを紹介された店だったので、場所を変更し、寧波開元大酒店《ニンポーカイゲンダイシュテン》のロビー喫茶スペースを逆指定した。ここなら見渡しもいいいし、悪いことはできないはずだ。

丁成が現れた。彼は薄笑いを浮かべながら「大丈夫ですかぁ?」と白々しいジェスチャーをした。私はいたって冷静に丁成に尋ねた。

「あなたは連れていかれてどうしたんだ? 何か暴力を受けたのか?」

すると丁成は真剣な眼差しで答えた。

「あれから逃げ回り、気がついたら時間が相当経っていた。心配してあなたを探しましたよ」

長い説明だった。説明を聞いているうちに「ああ! そこまで心配してくれてありがとう!」と礼を言いたくなるような演技だった。嘘でもあんな演技ができるのだから中国人は凄い。

中国人は嘘でもよく泣く。泣いて「給料を上げてくれ!」とせがむのである。時には「母が病気でどうしても手術代がかかる」と平気で嘘をつく。また、知り合いの医師に頼んで診断書を書いてもらい、月に一度の有給病欠を使うようなこともする。

中国人の従業員を日本人と同じように扱ってはいけない。まずは信じないことである。

彼らの多くは最悪の環境で育ってきて嘘をつかずには生きていけないのである。そのような生活を続けるうちに嘘をつくことに罪悪感を抱かなくなってしまったのだ。

言い方を変えれば、中国人の経営者はそのことをよく知っていて従業員をうまく使うことに長けている。浪花節ですぐに人を信用する日本人に中国での企業経営は難しいのだ。

私は丁成に道理を説いた。道理が通るわけはないが、説きたくなった。目には目を、歯には歯をというハンムラビ法典の話をした。このようなことをしていてはいつか痛い目に遭うと丁成に言った。

丁成は江西省の農家の出身であり、中学を中退し塗装工として働き、会社を設立した男である。成功ストーリーのように聞こえるかもしれないが、会社設立時の資金は人を騙して調達したものだと人づてに聞き、「彼ならさもありなん」といったところである。そんな男がハンムラビを知るわけもなく、道理が通じるわけもなく、口をぽかんと開けて理解できないという顔付きだった。

中国人にはストレートに言わないと何事も通じない。日本人の言い回しは婉曲的であり、それが美学でもあるのだが、そのような言い回しは中国語にはないし、そんなことを誰も教えてはくれない。

日本流に「少し教えていただきたいのですが」などと中国語で言うと不思議な顔をされる

ことが多い。中国流では相手が話し合いの最中でも「これ、どうするんだ？」と割り込むのが普通なのだ。こんな社会に日本人が入ると本当に疲れる。一体家庭では何を教えているのだろうとか、学校で学ばなかったのかと考えたりもするが、そんなことを考えるから疲れるのであって、中国人は何も考えていないのである。結局、この日の話し合いは何の結論も出ないまま、後味の悪い別れとなった。

自分で会社を設立することはできないか？

私はかねてより計画していた上海での会社設立に着手し始めた。丁成の会社での反省を活かし、今度は自分が責任を持って経営を行うのだ。業種は前回と同じく、建築用の塗料を扱うことにする。

落ち着くまでは上海へは出張ベースとし、寧波を拠点として新しい客先の開拓に努めた。会社設立まで約3か月を要するのだが、丁成の御膝元で活動していたのが気に障ったのだろう、更なる謀略が待ち構えていようとは思いもしなかった。

ちなみに中国では「三打《サンター》」という言葉がある。ようは3回叩くということである。1回目か2回目で叩いた側の腹の虫がおさまれば終わるのだが、そうでなかったら3回叩くという意味である。気に食わないことやメンツを汚されることがあれば暴力や仕返しに出るという怖い考え方だ。

事実中国人の知り合いと食事をしていると、恨み辛みの話が出て、その相手をどこに呼んでどう陥れるのかを具体的に真剣に話し合っている光景をよく目にする。日本では信じられない光景だが、本当に中国人は皆ヤクザみたいな発想の持ち主である。敵に回すと怖い、というかしつこいのである。

私が丁成の会社を離れて1ヶ月もすると、塗料業界では「日本人が丁成に愛想をつかせて辞表を出した」という噂が流れ始めた。もちろん私は報復を恐れてそのようなことを言いふらすことはしない。おそらく丁成を悪く思う関係者の誰かが噂話を流したのだろう。

それがついに丁成の耳に入った。その上で丁成から私に電話があった。「そんなデマを流さないでほしい」とのことであった。私は流していないし、私も迷惑であることを伝えたが、疑り深い彼は私がデマを流したと信じ込み、2つ目の仕返しを実行した。

今回、丁成が練ったのは敵陣に人を送り込み、崩壊に導くという計略だった。私のもとに送り込まれてきたのは、丁成と同郷の鵬《ホウ》という男であり、丁成の会社では営業部長を務めていた。

しかし、たびたび丁成と衝突しており、それを目の前で見ていた私は鵬が丁成の懐刀とは考えていなかった。寧波の暴行事件の1ヶ月後に鵬は巧みに私に近付いてきた。「丁成と喧嘩が絶えず、会社を離れたい」とのことである。彼いわく、今回私が丁成の会社を離れたことで丁成の会社には何の希望も未来もないと言うのだ。そして「ぜひ傘下に入れてほしい」と頭を下げた。ついてはお土産代わりに鵬が以前親しくしていた上海の代理店があるので紹介したいという申し出があった。

新会社の立ち上げを目標にしていた私は新規代理店が喉から手が出るほどほしかった。そこでインセンティブ給という形で鵬と基本契約を締結し、上海の代理店と交渉を始めることにした。幸先のいいスタートを切ることができたと思った。早速見本サンプルを作成し、鵬同行で上海に出張した。

この頃今後のことも考えて車を購入した。小型車ではあったが小回りがきき、最大5人乗れて、何と言っても日本車で燃費が格段によかった。鵬は運転できないので私の運転で上海に向かった。

夕方に到着した私たちはホテルを確保し、車で上海代理店のオフィスへ行った。代理店は上海の郊外にあり、非常に立派な別荘タイプのオフィスで驚いた。立派なソファーに内装、おそらく内装費用は日本円で500万円はくだらないはずである。そこにさまざまな塗料メーカーのサンプルが置いてあり、その中に丁成の会社のサンプルもあった。

代理店の董事長《トウジチョウ》に聞くと、「一度寧波の丁成の会社を訪問した際についでにサンプルをもらって帰ったが丁成にも私にも会えなかったので商談はしていない」ということだった。

寧波を訪問した日時を聞いても曖昧で、基本的に毎日工場にいた私は上海から来客があったという覚えがなかった。少し疑問を持ったが、具体的な商談に入るとその疑問も薄れていった。

上海郊外に大型の物件があり、写真、設計図で確認すると10万平方メートルを超えるということ、上海代理店の董事長が同開発商の董事長の親戚であること、上海代理店と鵬の仲は非常によく鵬を信頼しているということ、今回のプロジェクトに使用する塗料は日本のブランドを使用したいということなどを聞き、うまく商談が進んだと感じた。

その後、代理店の面々を上海市内に食事に誘ったが、18時を過ぎていたので、彼らの会社の近くの中華料理店での会食となった。私が「車を運転してきたのでお酒が飲めない」と言うと、「問題ない！　会社の部下に運転させて送らせる」とのことで押し切られた。

ホテルまでは車で30分の距離なので「最悪彼らの会社に車を停めて帰り、朝一番で取りにくるか」とも考えていた。

最初にビールを頂戴し、ほろ酔い加減で白酒《パイチュウ》に変更した。白酒とは45～52度ほどのアルコール度数がある強い酒で、セメダインのような味がする。今まで一度たりとも美味しいと思ったことがない飲み物である。

これを何杯も飲み干すわけだから、尋常ではない酔い方をする。たちが悪いのは20年以上前の日本のように無理強いをすることだ。仮に飲まないと座がしらけるし、逆に飲み過ぎてつぶれてしまえば冷たい目で見られるし、日々自分で鍛錬をしておかなければならない。

ちなみに白酒は1本日本円で1万円ぐらいで、夕食のテーブルを8人ぐらいで囲むと3本は開ける。酒代で3万円、食事代で2〜5万円、少なくとも8人が参加する食事会の場合、最低5万円の出費を覚悟しておく必要がある。その後にKTVに流れるのだからその費用も、と考えるとぞっとする。しかも中国ではメンツが重視されるので、それなりにいいところにつれていかないと相手にされないのだ。

地方から出張で来る客はこれに加えて4つ星や5つ星のホテルの宿泊費を払う必要があるので、商売が決まるまでは本当に資金と身体の体力勝負である。

さて、白酒を飲み始め、更にほろ酔いになったところで董事長が「乾杯」を勧めてきた。中国では地方により飲み方が違うが、北の方にいけば連続3回の乾杯が当たり前である。飲むのが本当に好きなのである。

南の方はあまり飲む習慣がなく、ワインなどを好むのである。日本人の我々には南の福建や広東といったところの方が食べ物や気候や人の性格なども合っているかもしれない。

上海の代理店だからといって上海人ばかりというわけではなく、この董事長は山東省出身だった。山東省の人は非常によく飲むことで知られている。

あっという間に3杯を連続して飲み干した後、更に別のメンバーとも連続3杯ずつ、合計何杯飲んだか分からなくなった頃、視界の端に白酒がボトルで2本追加されているのが見えた。あとは乾杯の嵐である。

私は横に鵬がいて安心したこと、最近疲れ気味であったこと、新しい会社の最初の客先であるため気負いすぎたことなどが祟ったのか、2時間ほど経った時には泥酔状態だった。その際他の皆が冷静に話し合いをしていたのを記憶している。

私は最後の力を振りしぼって「帰ります！　今日はありがとうございました！」と言い、階段を下りた。董事長が「歌を歌いに行きましょう！」と誘ってきたが、とてもそんな余力もなく、また冷静に、カラオケまで私が負担するのか、という考えが頭をよぎり、「次回にしましょう！」と断った。頭を下げて礼を言い、彼らのオフィスの駐車場に停めていた車の後部座席に乗り込むと、そのまま寝てしまった。

その後、どのように過ごしたのかまったく覚えていない。

気がつくと、上海市内繁華街の虹許路《ホンシールー》を曲がったところで私は運転席に座っていた。2車線道路の後ろではひっきりなしにクラクションが鳴っており、私に車を動かせと催促している。

何があったか分からないまま、前方を確認すると右斜め前に病院のゲートが見えた。10メートルもない距離だったのでまずは車を動かして鵬に電話をしようと判断した。なにせ後ろのクラクションの大きさに嫌気が差していた。

頭が回っていないので時速5キロほどでゆっくりと動かし、病院のゲートの側に停車させようとした。その時、右手のくぼみに警官が立っているのを見つけた。びっくりしてすぐに車を停めたが、警官が窓を叩いて「開けろ！」と合図をする。開けると検査器具を出してきて「息を吐け！」の指示である。怖くなってずっと息を吸っていたのだが、「吹け！」と怒鳴られて観念した。息を吹き込むと警官は数値を確かめて冷静に「何本飲んだ？」と聞いてきた。私は中国語で「ビールを少しです」と答えたが、すぐに「降りろ！」と命令された。

身分証の提示を求められたのでパスポートを提示すると嫌な顔で「日本人か？」という反応だった。後から分かったことだが、外国人に対する刑事処理は警官も面倒らしく、捕まった時に外国語で対応すると案外スルーしてくれるようである。私は下手に中国語で対応したために逃げようがなくなってしまった。

数値を聞くと「相当高い」との返事で「どうすればいいのか？」と確認すると、違反切符を切られ、後日出頭せよとのことだった。そして警官は信じられないことを言った。

「今日はこのまま帰っていい」

酒はまだ抜けていない。「このまま車を運転して？」と聞いたところ、「ＯＫ」との返事だった。

結局そのままホテルまで車を運転して帰り、フロントから鵬に電話をしたところ、びっくりした様子で駆けつけてきた。後部座席で寝ていたはずなのに、なぜか運転席にいたことを話すと、何も分からないといったふうに困惑した表情を浮かべた。

早く休みたかった私が早速シャワーを浴びて出てくると、鵬は慌てたように携帯電話をベッドの上に放り投げた。誰かにメールをしていたようだった。「違反切符は切られたものの、その場で釈放されたので軽い罪なのだろう」と考えその日はゆっくり寝た。

翌日鵬を先に寧波へバスで返し、私は指定の長寧区《チョウネイク》警察署に出頭した。罰金は痛いなあ。いくらだろうと考えながら支払窓口へ行くと、別の窓口に連れていかれた。

担当警察官が出てきて、デスクを挟んで座り、厳しい尋問が行われた。担当警察官の説明によると、「お前のアルコール数値は非常に高く、これは泥酔運転に属する」とのことだった。そして「泥酔運転の場合15日間の拘留である」という説明を受けた。

「嘘でしょう？　だって昨日運転させて返してくれましたよ」

私が言い返すと、警官はぼやくように言った。

「それはあなたが外国人だからだ。我々はあなた方外国人の罰則処理が一番面倒臭い。現場の警察官が処理を嫌がった。こちらに回しただけのことだ！」

更に警官は「書類を山ほど書かなければならない」とぼやき、挙句の果てには「なぜ、中国語で対応したんだ！」と怒られる始末だった。私は頭を下げ続けるしかない。

「で、拘留はどうなるのですか？」

私は気になる質問をした。

「特例でいつから拘置所に入るかは望みを聞いてやる」

警官いわく「5月1日までに入ればＯＫ」とのことである。一連の説明をした後、警官は意味深な言葉を口にした。

「15日間の拘留を0日にする方法もあるが、それは自分で調べて対応しろ」

一瞬耳を疑ったが、警官が言うのだから本当なのだろう。

その日は一旦釈放されてすぐに中国の知り合いに片っ端から電話した。バイクの販売店やタクシー運転手の知り合いにまで相談した。

すると皆声を揃えて「方法はあるぞ。聞いてあげる」と言うものの、しばらくすると「今は厳しいらしい。数年前だともみ消しができたのだけど」という回答が返ってきた。数年前はもみ消しができたの？　それっていいのだろうかと頭が痛くなった。中国ではこのようなことが最近まで平然と行われていたのだ。

最終的に香港人の友人に尋ねた。

「3日待って！」とのことだったので待った。きっちり3日後に返事があった。

「5万元で0日、2万元で7日まで減らせるよ」

思わず「嘘！　すごいね！」と言った。悩んだ挙句、5万元が惜しかったことと、これもよい体験だと思い2万元で7日まで減らしたコースを選んだ。しかもこの裏ワザをつかうとビザ記録には拘留記録がつかないという特典付きであった。前科なしの至れり尽くせりのサービスなのである。

中国の拘置所生活

4月末日からゴールデンウィーク期間を拘置所で過ごすことになった。

4月末日17時半に長寧区の警察署に到着した。警察署で書面にサインをし、そのままパトカーに乗せられて拘置所へと移動した。

パトカーの運転席と助手席には中国人の警官が座っていたが、私が日本人で中国語が話せないと思ったのか、護送中ずっとKTVの女の子の話をしていた。いくらで買ったとか彼女は美人であったとか楽しそうだった。

1時間ほど車に乗せられて郊外の拘置所に到着した。拘置所の係員に身柄を受け渡される際に、拘置所の住所を聞いて携帯メールで古くからの友人であるタクシー運転手の周《シュウ》さんに「7日後に迎えにきてくれ！」と送信した。

まずは両手の指紋を採られるところからスタートした。その上で「上着とズボンを脱げ！」と指示され、携帯や財布を預けることになった。

パンツ一丁になると、手錠をかけられ、そのまま歩かされ鉄格子のある部屋の廊下へ移動した。手錠は思ったより重かった。新しい会社を作って商談をしようとしただけなのにこんなことになっているというのは奇妙な気がした。

廊下は長くどこまでも続いていた。外からの日光は一切入らないので、昼か夜かが分からない状況になっている。少なくとも5つはある部屋の手前から2つ目の部屋に通された。

手錠を外されて小さな格子ドアから中に入り、そのまま閉められると、担当官は去っていった。担当官は去り際に部屋のリーダーらしき中国人に「彼は新人だからよろしく頼むよ」と中国語で言った。

部屋は約6畳の狭い空間で、7人の男が押し込められていた。

3人は黒人、後の4人は中国人のようだった。リーダーらしき中国人がパンツ一丁の私に「これを着ろ」と縦じまの囚人服を渡してくれた。皆が床に座り見上げている状態で服を着るという滑稽な状況だった。

服を着るとリーダーらしき中国人が私に「お前は何省の人間だ?」と聞いた。「日本」と答えると嫌な予感がした。しかし返ってきた答えは意外なものだった。

「おっ！　お前の同胞がいるぞ」

そう言って指差した先に1人の男性が座っていた。小柄な40代に見える男で、彼の名前は西村といった。すぐに日本語でいろいろと西村に聞いた。

彼はビザの更新を忘れたうっかり者で、ビザなしの2年間不法滞在をしており、その後警察に自首、10日間の拘留判決が出たということだった。おととい入ったので私の拘留生活の先輩になるが、出所は私より1日以上遅い計算である。

西村先輩の話によると、3名の黒人はやはり不法滞在で捕まり、10日間の拘留になったということだった。黒人グループは昨夜10日目を迎え出所できるはずだったが、「トイレが汚い！」などと英語で文句を言いまくったことで、所長が罰則として拘留を1日延長したということだった。

「そんな権利が所長にあるんですか？」

私が聞くと、西村は注意深く言った。

「だから所長には気をつけろ。特に日本人が嫌いだからな。部屋には監視カメラがついていて24時間見られているんだ」

そう言って鉄格子の外側廊下に取り付けたカメラを指差した。

監視カメラといえば中国の生産工場にはほとんどと言っていいほど取り付けられている。事務所の中に取り付けている会社もあるくらいで、ようは防犯対策と言うよりも従業員の監視目的である。

中国人はなにせ見ていないとすぐさぼるのである。そして経営者やリーダーが来ると持ち場に戻り仕事をしていた振りをする。我々の小学校の時の自習時間に似ている。先生がいなくてラッキーといった感じで働いているのだ。

私の場合、上海の偽物ショップで監視カメラ（外側だけで中身の複雑な機械類はない、しかしランプは点灯する）を200元（約3000円）で購入し、事務所に取り付けてから従業員の作業効率がグンと伸びた。こういう現実を知ると、コンプライアンスなんて言葉が中国にはあるのかなと思いたくもなる。

その点日本人は人が見ていなくても自主的に仕事を探して取り組む姿勢があり、素晴らしい。日本にいた時にはそれが当たり前だと思っていた。しかし、中国では当たり前のことではないのである。

話を拘置所に戻そう。

部屋の真ん中に大きな台が1つあり、日中はその台の上で食事や書き物をし、夜になるとベッドに早変わりする。台には蓋があり、その中から布団を取り出したり、私物を入れたりするのだ。部屋の大半はこのテーブルベッドで占められていると言っても過言ではない。

テーブルベッドを囲むように椅子が8個あり、奥にトイレとシャワー施設が据えられている。しかしトイレとシャワーを囲む塀はなく、皆からも監視カメラからも丸見えである。囚人には人権はないということだろう。

部屋の隅、天井部にテレビが1台設置されている。その下側に小物置きが壁に据え付けられており、人数分のプラスチック製たらい、タオルとコップと歯磨きが用意されていた。

黒人3人組は今日も出所できないのではないかと更にイライラしており、アフリカの言葉か何かで声を荒立たせていた。所長と同じ中国人と思われたのか、私にも睨みをきかせ、今にも飛びかかってきそうな勢いである。

21時頃に黒人3名は解放された。彼らがいなくなったことで場所が広く使えるようになり、また黒人特有の臭いから解放されることになった。

その後、入浴が始まった。先輩方は非常に慣れており、さっさと服を脱いで何の恥じらいもなくシャワーを浴び、自由時間を楽しんでいる。自由時間といっても何をするわけでもない、囚人仲間との小声での談笑である。

拘留初日の私はシャワーを浴びなかった。夕食を食べていないせいか緊張のせいかトイレも必要なかった。しかしお腹はすいていた。

すると、おもむろに中国人グループ3人がテーブルベッドの蓋をあけて中を物色し始めた。中からはなんとインスタントラーメンとウインナーが出てきて、彼らは監視官からお湯をもらい、いい匂いと音を立てながらラーメンを完食した。西村いわく、「彼らは入所の際に多額の現金を持ってきていて、拘置所で監視官に賄賂を渡して自由に購入できるんだ」ということだった。

「それじゃあ、地獄の沙汰も金次第じゃないですか、そんなのありなんですか？」

西村に軽く当たると、「それどころか彼らは特例で2日に一度庭掃除で外に出してもらえるんだ」と言う。入所日数が短く、日本人である西村はそんな恩恵を受けることはできず、ストレスを感じていた。

22時に消灯、テーブルベッドに5人が横たわり、3年以上洗っていないと思われる汚い布団に身を包んで就寝した。

新人の私はトイレから30センチほどの場所で寝なければならず、本当に臭くてまいった。夜中3時頃目が覚めてトイレを使ったが、流す時に思わず紐を引っ張ってしまった。

「ジャーーーー！」というけたたましい音がして中国人から罵声が浴びせられる。

「夜のトイレはそこの桶に水をくんで流せ！」

「すいません」

でも、先に教えてよと思った。

入所2日目の朝が来た。朝7時の館内放送と同時に起床、布団を片付け、椅子を整理し点呼である。点呼が終わり歯を磨くと朝食の時間になる。しかし、この朝食がひどいのである。給食係が運んでくるのだが床にトレイごと投げて渡すので、ご飯の一部が床に落ちるのだ。米は硬く、たまにハエが入っていた。見えているだろうに、作っている人がわざと入れているのだろうかと思いながら、よけて食べた。ご飯がメインでスープと野菜が各1品、以上である。中国人3人組は自分たちだけ漬物をテーブルベッドから出して食べている。

この頃から、所長による日本人に対する虐めを受けることになった。

西村は食事の遅い男で、監視カメラでそれをチェックした所長が部屋直結のマイクで指示を出す。

「そこの日本人！　中国の米はまずいか？　早く食え！」

食事が終わると掃除である。分担を決めて部屋を綺麗にするのだ。この習慣はいいのだが、面倒なのはプラスチック桶を棚に戻しタオルを掛ける作業である。桶の角度とタオルの長さを所長が異常に気にするのだ。

私が8個の桶を洗い、元に戻し、タオルを掛けると所長がマイクで怒鳴る。

「おい日本人！　こんな簡単な作業もやったことがないのか？　2番目の桶がずれているし、タオルの長さが違う！」

約30分間、延々と虐められる。汚いやり方である。こんな虐めで過去の戦争の仕返しをしていると思っているのである。

掃除が終わると椅子に座って背筋を伸ばし、反省の時間である。3時間座って瞑想をする。

昼食は朝食とほぼ同じ。午後は1時間ほど昼寝をして、2時間ほど反省文を書き、夕食前の

2時間はテレビを見ることができる。番組は少し前のトレンディードラマだった。面白いわけではないが、ないよりはましだ。

中国人3人はドラマよりもテレビコマーシャルに釘付けだった。コマーシャルには美女が大勢出ているが、そのたびに異常に反応するのだ。彼らはついには性犯罪に近い妄想を口にし始めるので、こんな連中を社会に戻していいのか疑問に思った。そんな彼らの性に対する異常な感想を聞かされて夕食を迎える。夕食も朝、昼と変わらない。夕食後、シャワーや小声談笑といった時間が過ぎ、22時の消灯、この繰り返しである。

リーダーの藩《パン》

中国人グループのリーダー格は藩といい、頭が切れる印象だった。30代前半の上海人であり、彼いわく「詐欺まがいの行為で1000万元（約1億5000万円）儲けた」ということである。

彼は詐欺集団のナンバー3だったが摘発を受け、裁判になり、他の仲間を裏切って証言をしたようで、その時の新聞記事の切り抜きを見せてくれた。騙した相手は政府関係者で、藩は胸を張って「この拘置所は4階建てで上に行けば行くほど凶悪犯が多く、環境も劣悪なんだ。俺は最初の2年を最上階で過ごし模範囚で3階へ、3階を2年、2階を2年過ごし、刑期4年を残して1階へ来た。後3年で出所できるんだ」と語った。

騙し取った1000万元は藩の仲間が安全なところに隠しているらしく、「3年後に出所したら、その金で生涯楽しく生きるんだ！」と言っていた。果たして仲間が10年間も金を使わずに彼を待っているかどうか、「そんなわけないよ、中国だもの」とは私は言わなかった。

夢物語を話す彼に他の中国人2人の仲間が同調していた。

この2人は名前を金《キン》と班《ハン》といい、河南省《カナンショウ》の連中である。河南省は人口1億人以上、中国で最も人口の多い地区である。そのため、中国国内どこに行っても河南省の人間に巡り合う。10人に1人が河南人なのだからそれも当然である。

河南人は河南で生まれたことを誇りにしている。もともと中原《チュウゲン》と呼ばれ、古代中国の要所であるためだ。洛陽《ラクヨウ》や虎牢関《コロウカン》など一度は耳にしたことのある都市が並んでいる。しかし河南省は全体的に貧しく、教育レベルが低いことから、犯罪の件数が最多だという一面もある。

河南人の中には何のあてもなく上海に集団でやってきて、結局犯罪に手を染めていく者も多いのである。拘置所の河南人2人はバイクの盗難専門を生業にしていた。

そういえば私もバイクを2回盗難されたことがある。バイクといっても中国では電動バイクがメインで、中古で1000元（約1万5000円）も出せばいいものが購入できる。そして盗難といっても、バイクごと盗むのではなく、足を乗せる場所に埋め込むように設置してあるバッテリーだけかっさらっていくのだ。

バッテリーは中古でも500元はする電動バイクの心臓部である。同房の2人によると、熟練した者の手にかかれば5分もかからないらしい。

私も盗まれた時、鍵を差し込んでひねっても動かないのでおかしいと思って足元を見たところ、大きな穴があいているのを見て非常にショックを受けた。ちなみに盗られないようにするためには2つの対策があり、1つはバッテリー埋め込み部分をチェーンなどで固定すること、もう1つは駅やショッピングモールのバイク駐輪場に預けることである。

金と班はボスが手配したワゴン車に乗り込み、新品のバイクを狙い、ワゴンで人目から隠すようにして盗んでいた。1台のバッテリーをボスに渡すと100元の稼ぎというので、1日10台で1000元、休みなく働いて月3万元（約45万円）の稼ぎになる。中国の水準からするとかなりの高給取りである。

金と班の罪は軽く、2年間であった。来年には出ることができるらしい。罪の意識はまったくなく、「出所したらどうするの？」と聞いたら、「まずは美女を探しにいって、お金がいるからバイクを盗む！」と言っていた。

「だって俺たちはバイクを盗む以外に何もできないし」

私は今乗っている自分のバイクの特徴を教え、盗まないように釘を刺した。

出所

数日間を彼らと共に過ごしたがなぜか憎めない連中だった。仲良くなると漬物を分けてくれた。彼らの話す冗談も面白くて、たとえば私に「囚人服を持って帰れ」というのである。「なぜ?」と聞いたら、「前に拘置所で一緒になった日本人が競馬のジョッキーで、その囚人服のことを気に入って所長に頼みこんで日本に持って帰ったんだ。囚人服を着てレースに出たら優勝続きなんだぜ、幸運の服なのさ!」と言うのである。「そんなバカな!」と私は日本語で切り返した。

私は彼らに日本語を教えてあげた。藩の覚えが早いのにびっくりした。もう1つ感心したのは彼らが手鏡を持っていたことだ。普通拘置所に鏡などを置くはずがないので、どこで入手したのかと聞くと、拘置所で入手したポテトチップスの内側の銀紙を何時間もかけてなめしてぴかぴかにしたものをプラスティックに巻いたものだという。見ると鏡と変わらないのだ。生活の知恵である。

私が拘置所を出る前日所長に呼び出された。全員個別にである。中国人3人は煙草を吸わせてもらい、コーヒーを飲んで帰ってきた。西村は何もなかったらしい。私は最後に呼ばれ、尋問のようなものを受けた。

「なぜ捕まったのか？　反省しているのか？　お前と俺のどちらが偉いんだ？」

私の前で煙草の煙をくゆらせ、コーヒーを堪能した所長は最後に一言、こう言った。

「明日出られると思うなよ！」

翌日西村宛に日本総領事館の館員が訪れた。慰安とのことである。西村は入所前に拘留中の面談希望を申し入れていた。2時間ほど庭の散歩をして帰ってきた。

私も入所前に総領事館には電話で相談を入れていた。しかし回答は思った以上に最悪で、「我々総領事館としては手の出しようもありません。それよりも最近多くの日本人が中国で犯罪に手を染めていて困っております」というものだった。「いえ、そうではなくはめられたんです」と切り返すと、「そのようなことは残念ながら中国ではよくあるようなんです」との回答である。総領事館のような機関は本当に役に立たない。弱腰外交とはこのことである。

いよいよ出所の日を迎えた。夕方に出所できるはずだったが、18時になっても声がかからない。19時を過ぎて一応夕食を摂った。20時半、やっと呼ばれた。また手錠をかけられて囚人服を部屋に脱ぎ捨てた（洗わないのだ）。

西村と中国人トリオに別れを告げて、私服に着替えてゲートを出た。

拘留前でメールを送っていたタクシー運転手の周さんが笑顔で迎えてくれた。「おつとめご苦労様です！」と抱きついてきた周さんが一言、「臭いですよ」と少し距離を置いた。恥ずかしくてシャワーは一度も浴びなかったのだ。

周さんが冷たい水を用意してくれていた。喉を通る冷たい水は非常に美味しかった。とりあえず上島《シャンタオ》コーヒーへ直行した。無性にハンバーグが食べたかったのとコーヒーが飲みたかったのだ。

コーヒーを味わいながら携帯の電源を入れるとショートメールが山ほど入っていた。皆心配してくれたショートメールで嬉しかった。しかし一番多かったのは夕方から拘置所ゲートで待っていた周さんだった。夜他の仕事が入っていたが、帰るわけにもいかず困っていたらしいのである。

思い立って丁成に電話した。いつものように甲高い声で「久しぶり！」と彼は言った。私はくどくど説明することはせず、短く告げた。

「今後私は寧波には行かない、これで終わりにしよう」

丁成は思った以上に即答で「分かりました」と言った。こうして長いような短いような初めての中国企業での経験は幕を閉じた。

この後の丁成はというと、相変わらず人を騙し続ける道を選んだ。

従業員たちがコックに反抗した事件があった頃から、寧波の工場には小太りの偉そうな女性が出入りしていた。

ある日たまたま食堂に飲み物を取りにいったら、食堂の応接室に彼女が座っていて、私を見るなり偉そうに「そこの若者！　お茶ぐらい入れなさい！」と命令した。彼女の隣に座っていたのは20歳に満たないと思われる女性である。決して綺麗とはいえない顔立ちで母親同様にふてぶてしい態度をしていた。すると丁成が駆け込んできて「お待たせしました！　申し訳ございません！」と謝っていた。同時に私を見つけて彼女たちに紹介をした。

私が会社のナンバー2と聞いても彼女たちは挨拶すらろくにしなかった。

「どこの女王様？」と丁成に聞くと、「あの2人は金持ちなんだ。若いのが娘で彼女と結婚したら親が1000万元（約1億5000万円）投資してくれるんだぜ」と興奮気味に語った。「恋愛感情はあるの？」と聞くと「ないけどすでに同棲している」との返事だった。

確か丁成は若い頃結婚して大きな息子が2人いた。結婚してすぐに離婚しているのだが、そのことは話していないという。「金のためだ！　このことは黙っておけよ」と釘を刺された。そして円卓に戻り、娘の手を握り締めていた。

その後風の噂で2人のその後を聞いた。

相思相愛に見えた2人を祝福する形で娘の母は丁成に2000万元（約3000万円）を投

資した。投資金が振り込まれたことを確認した翌日、丁成は切り捨てるように娘をマンションから追い出した。正式に結婚もせず、借用書もなく、３０００万円を手にしたのである。

詐欺がばれた丁成はこの後雲隠れした。娘の母から私にも丁成を探しているという電話があった。今、丁成がどこにいるのか、誰も知らない。

第2章　トラブルまみれの会社運営

友人に助けてもらい、順調に会社設立

拘置所を出た私は上海にそのまま残ることにし、古くからの友人であるコンサルタント会社の郭社長を訪問した。香港人の彼は日本にも滞在したことがあり、静岡県浜松市でクーラー製造の品質管理主任をやっていた経歴の持ち主である。そのため少しだけではあるが日本語ができる。

郭社長がコンサルタント会社を開設したのは10年前で、「コンサルタント会社であれば固定費用がそんなにかからないため」と言っていた。

郭社長は少し変わった性格であり、根は優しいが言いたいことを率直に言うタイプである。ビジネスパートナーとしての相談相手にはいいが、あまり友達にはなりたくないタイプとも言える。

私はビジネスの岐路に差し掛かった時、常に郭社長に相談してきたが、いつも反対されていた。反対するというよりも私の意見を真っ向から否定し、最後には「アホ！」と言うのだから腹が立ってくる。

しかし、振り返って考えると郭社長の言葉が一番信頼できるのである。彼は頭がいいし、

視野が広く、よくものが見えているのだ。一目で丁成のことを「嘘つき」と判断したのもこの郭社長だし、前述の拘置所宿泊を2万元コースで解決してくれた香港人も彼である。

上海に会社を開設することに郭社長は珍しく反対しなかった。少し疑問を抱きつつも会社開設とコンサルタント業務、会計業務を依頼することにした。

口が悪いだけあって仕事は速く、3ヶ月もすると許可が下りてきた。1000万円の資本金も香港経由で振込完了し、無事に私の初めての会社を開くことができた。

会社名は私がキリスト教信者であることもあって、聖書にあるアブラハムの中国名から「亜伯《アハク》」と名付けた。「アジアのおじさん」みたいな印象もあり気に入った。外壁塗料の販売業者として名乗りを上げたのだ。

退職した会社から従業員がやってくる

会社の受け皿ができると丁成の会社にいた従業員や知り合いから「ぜひ御社に就職したい」という連絡が多数寄せられるようになった。

中国での転職は、その都度給与が上がっていくことを意味している。そうでなければ中国人は転職をすることはない。日本のように夢を持ってとかスキルを身につけるためになどという理由は存在しないのである。

丁成の会社の元従業員（既に離職している）などは積極的に連絡をしてきた。高収入を期待しているのである。

また、以前雇った鵬は限りなく黒に近かったが、江西省の駐在員として基本給与を払い、首にはしないでいた。「許したという温情が彼に伝われば」と甘く考えていたのだ。

鵬以外に技術者1名と技術アシスタント1名を雇った。この2人は江蘇省《コウソショウ》の同郷で技術アシスタントは車を持っていた。私と鵬、技術者余《ヨ》とアシスタント秦《シン》、事務員董《トン》の5名で会社を稼働させることになった。

以前、日本で担当していた客先に互明商事《ゴメイショウジ》という会社があり、会社の歴史をうかがうと「5

名ではじめた会社であり、互いに明るくという意味も込めて社名にした」と聞いたことを覚えていた。我が社も5名で開業し、明るく発展したいものだと願った。

会社運営ははじめの半年は順調であり、楽しい日々だった。江西省にいる鵬は小規模ながらも初オーダーを取ってきた。技術の余もがんばり、秦は時刻が遅いのもいとわず車を運転し、董は細かい資料を無難にまとめた。

そのかいあって、大手国有企業の塗料メーカーとの間で塗料の委託加工契約を結ぶに至った。当社は生産会社ではなく貿易型販売会社であり、生産委託代行といった形である。当社の技術で配合をすれば、どこで生産してもいい、当社に任せたという意味である。当社としても委託生産工場が必要となり、以前から交流のあった寧波の塗料工場に委託することにした。

この会社を選んだ理由は、排水設備があること、董事長が礼儀正しい学識を持った人であること、塗料を製造したことがないので他へ転売する可能性が低いこと、また配合の技術が漏れる心配が少ないこと、上海から車で2時間半ほどの距離でありそれほど遠くないこと、資金が充実した会社なので原材料他の買付ができることなどである。

寧波側は「寧波亜伯」の名で生産企業の登記を行い、当社は「上海亜伯」という販売会社の形をとり、亜伯グループでの合作が始まった。

サンプル作製指導などのために寧波にアシスタント秦を派遣した。工場視察を希望する客先も徐々に増え始めた。

寧波工場は規模が大きく、工場視察に向いていた。私は本社を離れにくかったので、秦、余、董に依頼し、寧波工場への客先同行を徹底した。寧波工場視察時の夕食や接待は寧波亜伯の董事長や工場長に依頼し、費用は上海亜伯負担とした。

寧波亜伯との合作が開始して半年が過ぎた頃、温州《ウンシュウ》代理店の管轄物件で妙なことが発覚した。温州代理店の社長、二次代理店社長（施工部隊）と物件オーナーは先日寧波工場の視察を終えたばかりである。温州代理店の社長が私に電話をしてきて、「価格を安くしないと買わない」と言い始めたのである。

調査したところ、寧波亜伯が直接温州の二次代理店と連絡を取っていることが分かった。寧波工場の董事長に問いただすと、「知らない」の一点張りである。

あとから分かったことだが、上海亜伯名義で寧波亜伯を訪問した客先すべてに寧波亜伯が直接連絡を取っていたのである。寧波亜伯は上海亜伯のことを「ただの貿易型販売会社であり、寧波工場から直接仕入れればコストが下がる」と平気で言っているのだ。中国ではよくある話と聞いていたが、これほどまでとはと正直愕然とした。

すぐに余、秦、董を上海に呼び戻し、寧波亜伯との関係を断ち切ることにした。幸いにも上海の大手塗料メーカーの委託契約は上海亜伯名義である。

しかし、人員を上海に集約したのはいいが、生産現場やサンプル作成場所がなくては稼働を開始させることができない。考えた挙句、まずは研究センターの設立を決断した。上海郊外に300平方メートルの別荘を借りた。

ここに決めた理由は3階建てで部屋を自由に使えることである。地下1階があり、コンプレッサーを使っても騒音対策ができることが決め手だった。

人気のあった別荘地区で、空きが一軒しかなく、夕方暗くなって視察したのだが、衝動にかられてその日にサインをした。敷金と家賃3ヶ月分で40万円近く支払った。

前述の郭社長がよく引用する言葉に「衝動は悪魔」という言葉がある。今ならこの言葉の意味をよく理解できる。焦って借りたのは間違いだった。この別荘はスケルトンタイプであり、中は何もないのである。何もないことは分かっていたが、トイレも便器のみであり、床も剥き出しという状態には借りてから気付いた。

後悔する気持ちを抑え、内装会社の見積もりに入った。こういった別荘区内で施工をするには管理会社とのコネが必要である。そうでなければ騒音対策やごみ始末などを管理会社が許可しないからだ。つまりそれは管理会社に賄賂が必要だということであり、必要以上に金がかかることを意味している。

出入りできる内装会社はコストが高く、小さなトイレの内装工事に20万円もかかった。しかもお粗末な施工なのである。若い夫婦2人が1週間かかって施工したが、彼らに直接聞いたところ、夫婦の取り分は原材料代込みで8万円である。残りの12万円が施工業者社長の収入及び、管理会社の賄賂に使われるのだからたまったものではない。

しかし若い夫婦は無関心な様子で「我々は労働保険もないし、その日暮らしさ」と疲れた目をして真っ白な顔で語った。これが悪しき中国社会の縮図なのだ。何も分からない学のない田舎者を安い日当でこき使い、中間層は中間マージンを抜くことに執心し、自分は一切身体を動かさないのである。

資金にも限りがあるため、トイレ工事以外はなるべく自身で解決することにした。床絨毯は従業員と一緒に買い出しにいき、床ボンドで貼り付けた。しかし給与の高い従業員のコストと出来栄えを考えると、結局外注した方が得策だった。

素人なので床ボンドを使い過ぎてしまうのである。業者は一部に接着剤をつけるのだが、素人の我々は全面接着である。これではボンドがいくらあっても足りない。

ボンドがなくなると近くの建材市場で購入していたが、同じ商品でも各店舗で価格が違っていた。比べてみると差は歴然で、高いものは正規品だが、安いものは使用済みの缶を回収してきて適当な安い接着剤を入れて蓋をしたものなのだ。

中国はこの手法があまりにも多い。よく街中で有名な塗料メーカーの空缶を運んでいる人を目にする。彼らの目的は、出張や出稼ぎに便利なので缶の中に荷物を入れて運ぶためか、偽物塗料を中に入れて高く売るためかのどちらかである。

この別荘を研究センターにしたかったのだが、作業台がないため、建材市場で格安の台所台を探してきて代用することにした。この台は大型でしっかりしたものだったが、２０００元（約３万円）で購入することができた。

その後、椅子、机、黒板、試験用攪拌機、各種文具、コンピューター、ソファー、茶道具など買い揃えていくとあっと言う間に資金が尽きた。

ところどころ不満な点はあるが一応形は整った。この別荘を我々は研究センターと呼び、配合の改良と塗板《ぬりいた》サンプルの作成場所にした。このサンプルを持ち込んで営業をかけ、オーダーが入れば提携工場に持ち込んで生産し、委託加工先に加工賃を支払うというビジネスモデルだった。

技術者、余への疑い

好調に客先から塗板サンプルの発注が入り始め、研究センターは日々忙しかった。特に目を見張る働きを見せたのは技術アシスタント秦で、彼は塗板サンプルに重要な調色と吹き付けを得意としていた。

2階で太陽光のもと調色を行い、地下1階に駆け下りて吹き付けを行い、また2階に駆け上がり乾燥機の中へと、気持ちいいぐらいよく動いてくれたし、このままいけば会社は軌道に乗れると感じていた。

江西省の鵬もがんばりを見せ、毎月小規模ではあるが物件を獲得してきた。当社は研究センターから車で1時間離れた塗料会社で委託生産を始めた。原料は当社が調達し、設備を借りて生産を行う。

委託先は我々の新型材料に興味を持っていて、生産が入るたびに技術者が覗きにきていろいろと質問したり、サンプルを勝手に抜き取ったりしていった。こういう部分が本当にモラルに欠ける国である。もちろん契約書で秘密保持を約束していたが、現場レベルでは無視されてしまうのだ。

当社の技術者余が嫌がり出したのはこの頃からである。日々改良を加える技術が他人に盗まれてしまうのを嫌がったのである。余が私に不満を持ち込んでくるようになった。「このままでは生産はできない」と言うのである。

私はその言葉をそのまま鵜呑みにしていたが、実は技術の余が恐れていたのは委託先に配合を盗まれることではなく、私に彼の技術レベルを悟られることだった。もともと余の技術はたいしたことがなく、日本側のサポートを受けてやっと一人前のレベルに達する程度だった。彼にとっては他社の技術者から彼への評価が低く出され、それを私が耳にすることを恐れたのだ。

また、余が見つけてきた仕入原材料は疑わしいものが多かった。上海の原材料なのになぜか彼の出身地近くの原材料問屋からの仕入れなのである。これも配合を見破られるのを恐れての行為だった。実際私はそんなことは考えていなかったのだが、中国人は本当に疑り深いのである。このような事情もあって、余はこれ以降、委託先工場での生産を極度に嫌がるようになった。

技術アシスタントの秦も委託加工先が遠いことを理由に余に同調し始めた。会社の1つの大きな岐路に差し掛かった。私はここで大きな決断をした。技術者が他所での生産を嫌がるのならば、自分たちで生産をしてしまおうと考えたのである。

早速研究センター近くの工場群を探したが、中国、特に上海地区は環境汚染対策で適合する物件はほとんどない。2週間ほど探して、研究センターへの通勤途上にある物流園区が目についた。

もともとこの物流園区の入口にある運送会社に貨物の運搬を依頼していた。その主人に聞くと、物流園区の突き当たりにいい物件があるという。

早速管理会社に行って聞いてみると、700平方メートル前後の物件で、以前の借主が退去したばかりであり、水、電気、排水などのインフラは問題なく使えるということだった。「排水はどうするのか?」と慎重に聞くと「排水処理設備がある」ということだった。しかし、確認すると単なる溜池で驚いた。「問題があったらどうするのか?」と聞くと、「政府機関とは関係を作ってありますので大丈夫」と言われた。「さすが中国、なんでもありかよ」と日本語で叫んでみた。

早速、1年間のリース契約を結び、1ヶ月分の敷金と3ヶ月分の家賃、計60万円を支払った。ここまでは順調だった。しかし、私は生産というものを甘く見ていたのである。

生産には当然、設備、原材料、電気代、倉庫管理係、操作員などが必要である。かかる経費を考えると少しぞっとしたが、後には引き返せないところまで来ていた。早速設備を購入して100万円かかった。

増員が必要になり、倉庫管理係に陳《チン》、操作員に謝《シエ》と龍《ロン》、塗板サンプル係として劉《リュウ》、品質管理係として徐《ジョ》、将来の営業候補として周の６名を新たに雇用した。この時点で上海亜伯社は11人に膨れ上がっていた。給与も社会保険とあわせて月５万元（約80万円）を超えていた。

自分で車を運転し中国全土で営業する

上海亜伯を開設前に車を購入していたことは前述した通りである。日産のチーターという小型車で大好きな三国志関羽の愛馬赤兎馬にちなんで赤を購入した。税込で13万元（約200万円）である。

上海ナンバーだとプラス5万元かかるということだったので私は寧波ナンバーを選んだ。上海ナンバーとの違いは上海の高架を利用する際の時間制限があるかないかである。そんなに急ぎの用もないと、コストを考え寧波ナンバーにした。自分で運転するため、事故処理が怖いので保険はキチンとかけた。

車での営業活動が始まった。車の運転は疲れるがやはり便利だった。以前のようにラッシュのバスや捕まらないタクシー、汚い寝台車に悩まされる必要がない。着の身着のままで車を走らせ、行きたいところへ行けばいいのだ。

振り返ればこの頃が創業してから一番楽しい時期だった。しかし想像した以上に疲れたのとガソリン代、駐車料金及び罰金、高速料金などが重い負担になった。

特に出張時は夜遅くまで接待で飲んだり歌ったりするので、翌日の運転が心底疲れるのだ。

白酒を飲んだ翌日などはげんなりするほどである。「白酒を飲みすぎて気分が悪いので1日ずらしてもいいか」と取引先に聞くと、「いつでもいい」との返事である。その答えを聞いて「ああ、中国では皆こんな感じでゆっくりと出張や商談をしているのだなあ、楽しんでいるのだなあ」と感じた。

正直なところ、以前上海に来る代理店の度重なる時間変更にイライラしていた。しかし、ここはそういう国なのだと割り切ってしまうと幾分楽になった。ゆっくりゆっくり行く、ゆっくりゆっくり待つ必要がある。

知り合いの施工業者や代理店関係をリストアップし、作りたてのパンフレットと塗板サンプルを車に積み込んで四川省《シセンショウ》、北京、広東省や田舎奥地まで車を運転して商談に出かけた。

余談ではあるが中国での運転は恐ろしいものである。

高速道路の運転は特に気をつけなければならない。手抜き施工の高速道路では至るところに窪みがあり、注意しなければハマり込んでしまう。また、定期的に清掃をしているといえども、あれだけ広い国、長い道路の清掃が行き届いているはずがなく、たまに大きな落し物に出くわす場合がある。

私は一度高速道路で空き缶を詰め込んだ直径10メートル程の廃品回収の袋に突っ込んだことがある。しかしそれよりも怖かったのは片道2車線の高速道路で前方から突っ込んでくる逆走車だった。間一髪で避けることができたが、これには肝を冷やした。

それ以上に恐ろしいのは街中での運転である。

基本的に中国人は横断歩道を渡らない。時間に余裕があるくせに横断歩道のない道中を突っ切るか赤信号を渡るのである。昔ゲームウォッチで似たようなゲームがあったが、その時操作したのは渡る方であり運転する方ではなかった。なにせ急に飛び出してくるのだから、雨の日などは本当に危険である。

話は戻るが、出張の行く先々で熱烈歓迎を受けた。

夜遅くまで飲んで、訪問先の代表者は口々に、「あなた方日本の品質の高さには敬服しております。必ずや良質のものを作られると信じていますし、次回の物件はあなたの品物を使います」と嬉しい回答をしてくれた。

しかし、少し考えればそんなに簡単に当社を指定できるわけがないのである。しかも代理店である彼らは末端ユーザーではないため、決定権はない。決定する末端ユーザーとは不動産会社である。

この頃の私は一切不動産会社を訪問しなかった。代理店訪問が販路開拓に一番近いと考えていたからである。事実、不動産会社の権力者と面談するのはそれだけでもコネが必要である。金がかかる、時間がかかる、細かく聞かれる、上海に視察に来ることなどを考えると、大変面倒なのだ。

不動産会社の工場視察といえば十数人の全国行脚である。ほとんど関係ない人員までやってきて、何も発言せず、ご飯を食べて酒を飲んで歌って帰っていく。その点代理店はある程度ビジネスをわきまえた応対をしてくれるので、不動産会社は代理店に任せたいという考えだった。また、以前私の接触が多かった相手先が代理店だったので、この代理店ルートでの販売に社運をかけたのである。

ある時は1日に車で1000キロ走破した。呼ばれれば、可能性があればどこにでもすぐに駆け付けた。20代前半の頃、製菓会社で同じように国内の饅頭屋に中国餡を売り歩いていた時のことを思い出しながらである。

約半年で100件以上の新規代理店と商談をした。この間、研究センターと工場にはあまり足を運ばなかった。技術者の余の経験年数が長いことから、彼を管理者に任命し研究センターと工場の管理をさせていた。

しかし、この半年間に私と余の間に目に見えぬ亀裂が生じていくことになった。最初は夏場の問題から始まった。スケルトンの別荘と工場にはクーラーなど存在しない。資金の問題もあり、扇風機を数台購入して設置していた。しかし調色で使う色チェックの紙が風で飛んでしまうという理由でクーラーを購入したいという希望が連日余から電話で寄せられるようになった。

出張から上海に戻り研究センターで全体会議をした。

私の現在の全国行脚の状況、他社競合相手の実態などの報告を済ませ、意見を求めたところ、驚くことに質問ではなく全員から私に夏場対策の改善要求を突き付けられることになった。

余や徐や秦は寧波から一緒に来ているメンバーであり、寧波でもクーラーをつけずに頑張っていたのに何があったのかと耳を疑った。

曲者は元不動産仲介業者の劉だった。彼女は塗板サンプル係として雇ったのだが、四川人で、なにせ口が立つのである。しかも、年中人の悪口ばかりを言っている。

毎日このような人物に近くで悪口を吹きこまれ、扇動されていると皆人が変わっていってしまう。ようは仕事をしながら皆で悪い勉強をしていたのである。

日本流に考えると、「創業期に会社のトップ自ら車で運転して全国行脚お疲れ様です。我々に何かできることがあればなんなりとお申しつけ下さい」といった美談でも聞けそうだが、そうはならない。苦しい時期に限って社員が反逆してくるわけである。

彼らの主張は次の通りだ。

「我々の働く場所にはクーラーがない。今年上海は歴史的な猛暑であり、熱中症にかかると病院送りとなる。中国の労働規定では適切な空調がない作業場においては、昼間に適切な休息時間を取らせること、また飲料やアイスなどを会社が買って与えること、空調の代わりに夏場手当をつけることが認められており、それをしなければならない」

夏場手当は最大4ヶ月分であり、1人約200元（約3000円）である。私は考えた。1人3000円×社員10人×4ヶ月だと12万円かかる。これはクーラーを購入したほうが得だ。

早速電気屋を回り、クーラーを2台購入し、設置等を含めて15万円かかった。しかもクーラーが導入されるまでの期間はほぼ毎日のように従業員に飲料やアイスの差し入れである。しかも差し入れても「暑い暑い」と言って座り込んでいる。中国人とはここまで働かない人種なのかと嫌になった。

クーラーがついてからは、皆クーラーのある部屋にこもりっきりになった。また資料調査のために設置したパソコンと無線ＬＡＮを利用して、自分たちの携帯で映画を見たりゲームをしたりとやりたい放題である。

技術者の余はやはり技術者であって管理能力に欠けていた。管理職研修のつもりという期待もあったが、本人としては管理職になっても給与が変わらないのなら、技術以外のことには手も出さないし声も発しないのである。

彼には月に手取りで1万5000元（約22万5000円）、保険込で2万5000元（37万5000円）支払っていた。彼との労働契約書にも管理職と記載すればよかったのだが、契約の職責は技術のみになっていた。

余は管理職を期待するならば給料を上げてほしいと主張したが、これ以上月々の経費を上げるわけにはいかない。全体会議を開いて今後私が直接皆に指示することを発表した。これ以降ただでさえ忙しい毎日がより多忙を極めることになった。

ぐうたら社員たち

会社内部が縦割で横の連携を一切取らないので、すべて私の指示待ちの状態になった。また私が研究センターにいない時には平気で遊ぶ人間も出てきた。他の者もそれを注意しないし、ほとんど社内は無法地帯のようになっていた。

この時点で私は会社をクローズすべきだった。その頃、会社は１００件以上の代理店を回った効果が出始めていて、塗料サンプルの発注が多くなっていた。しかし、肝心の従業員が思ったように働いてくれず対応が追いつけずにいた。

急いで仕事をやるという意識のない従業員たちは色を追求したいという理由で何度も何度も試験を繰り返し、結局納期に間に合わないという事態まで発生するようになった。サンプル作成の期日に間に合うようにするために残業を要求すると、皆しぶしぶ残業をする。毎月の残業代がかさむようになってきた。

土日の対応が必要な場合には無駄な人員も出てきて2倍の残業代の要求である。彼らの言う残業が適正に行われているかどうか、私が土日に抜き打ちで見にいくという状況が続いた。

夜は代理店接待、昼は事務所、土日は出張か抜き打ち検査といった日々を私は送り、疲れ果ててしまった。

しかし何度サンプルを提出しても大きな物件は1件も決まらなかった。納期だけの問題ではなかったのである。

品物出荷前に前金で支払ってもらうのだから、よほど信用がないと契約を結ぶことはできない。そのためには日本のブランドを担ぐべきだったが、そんな力やルートもなく、自分たちの力だけでできると大冒険をしてしまったのだ。サンプルを渡した感触はよくても、最終的に「やはり御社には頼めない」などと断られることが多かった。

また、中国ではやはり何と言ってもコネが必要である。就職してから中国にきた私には中国人の竹馬の友はいない。中国人の同業他社や代理店を見ると皆竹馬の友と商売していたり、紹介を受けたりしているのだ。

そして振り返ってみると、会社のトップが自ら車を運転して代理店に商品説明をして回ったということもマイナスに働いた。

日本ではよくトップセールスという言葉を使うが、中国では通用しないというか相手にされないのである。相手から見れば「御社は営業マンがいないのですか？　御社のトップはそんなに暇なのですか？」と思われ、信用に値しない小さな業者だということになってしまう。運転していた車がベンツではなくチーターなら尚更である。中国における経営者像というものは、当然資金を潤沢に持っていて経験にも長けており、なかなか会うことができる立場の人間ではないというものなのだ。

そのため皆かなりの演出をしているのである。ようはいかに着飾って騙すかである。ベンツやポルシェなどの高級車を乗り回している董事長は多いが、実際は客先が来る時だけ友人から借りて乗っているのだ。

事務所での対応や市内観光、商品説明は会社のナンバー2に任せるのが通例で、董事長は時間はあるくせにわざと忙しそうに断りの電話を入れ、客先が滞在する3～4日間のうちの半日だけ行動を共にする。そして「超多忙な身なのですが、御社がわざわざ来られたので時間を作りました。ずっとご一緒できずにすみません」と言うのだ。

そんなことも知らない私は名刺にわざわざ董事長と印刷し、1件1件回って商品説明をしていたわけである。先方の経営者が、この日本人は熱心だなと思ったのはわずか数件で、大多数の経営者は恐らく、この日本人は中国が分かっていないな、信頼に値しない、と判断したに違いない。現在付き合いのある当時の取引先の社長は、「当時の姿を見て中国の習慣を知らないなと思ったよ」と今になって気兼ねなく言ってくれるのである。

銀行の冷たい仕打ち

研究センター、工場設立、従業員の増加に伴い、私の資金は底を突いた。もともと中国に資金面で応援してくれる友人がいるわけでもなく、創業2年目にして自転車操業に突入した。振り返れば1年目をよく乗り切れたものだと思う。

この頃から書籍やインターネットで人様の創業記を読んだり、会社運営に関することを勉強したりし始めた。その時に今私が執筆しているような失敗談を読めばよかったのだが、どうも失敗に向かっている時には成功談を好んで読みたいものである。

「最初からうまくいった企業はない」と自分に言い聞かせ、「石の上にも3年」と念じながら会社の運営に注力した。

資金力と販売曲線は巧みに絡み合っており、販売曲線が下向きにカーブをたどり、資金力のY軸との接点がマイナスに至った時に皆どうやって切り抜けているのだろうと頭を悩ませる。マイナスの値にもよるが、自己資金が不足している場合、投資家を探すか、友人に頼るか、銀行に貸し付けをお願いするか、ヤミ金に手を出すかである。「ヤミ金か……」とぼんやりと考えた時、『ミナミの帝王』という有名な漫画を思い出した。「手を出して返せなかったら海に沈められるのだろうか?」とぞっとした。

まずはメインバンクを頼るべきだと考え、寧波銀行上海支店にアポイントを取った。口座開設の折に担当者の笑顔が素敵で好印象の銀行だった。

電話でアポイントを取ると、「何の要件で来られるのか?」と聞かれた。素直に「貸付を検討していただきたい」と胸の内を明かすと手を翻したように態度を変えて、「あなたの会社は設立から3年経っていないし信用がまだ低い、またあなた方日本人は抵当に出せるマンションもないので無理です」と電話を一方的に切られた。会ってもくれないのだ。

工商銀行や農業銀行やすべての中国系銀行に出向いた。しかし個人のクレジットカードすら作ってくれない。日本人は仕事上のパートナーとしては信用されるが、金銭面では信用があるわけではないのである。

私の知り合いの悪い安徽省人《アンキショウ》はよく銀行に偽の申請書を提出してクレジットカードを作っている。知り合いの安徽省人を連れていき偽の給与証明を書かせ、銀行の担当窓口に賄賂を渡して1人30~100万円借りさせるのである。

借りたお金は全額悪い安徽省人が持っていく。その後、借りさせられた安徽省人がどうなろうと悪い安徽省人には関係のない話なのだ。

実際私も目の前で借りさせられている現場を目撃したし、騙された安徽省人から悪い安徽省人の連絡先を教えてくれと何度も相談を受けた。悪い安徽省人が得意気に言うには、「お前も従業員を脅して彼らの名義で借りればいいのに」ということである。その人物は「10人騙せば1000万だぜ」という考え方なのだ。こんな話ばかり聞いていると頭がおかしくなりそうである。

私は引き続き、日系の銀行を回ることにした。しかし電話でアポイントを取ろうとした段階で門前払いである。「なんだこの日本人は？」といった言葉遣いで拒絶され続ける。厄介事には首を突っ込みたくないのだろう。

以前勤めていた大手製菓会社時代のことを思い出した。

大手日系銀行上海支店の若い担当者は頭取の息子だった。ドラ息子とはこのことで、なにせ態度が大きかった。私の勤める製菓会社に「貸してやる」といった口ぶりだった。これを聞いた製菓会社の総経理が激怒し、彼を土下座させ日本に強制送還させた。すがすがしかった。

しかし日本に帰ってから頭取の息子は顧問職になった。出世したようだ。

どれだけ銀行を回ってもダメなので、大阪府事務所などの日本の政府機関出先事務所に相談をしてみた。しかし、なんの助けも受けることができなかった。そもそも彼らは、中国の前線で働いてきた我々に比べると、中国のことを何も知らないのである。私のこれまでの履歴を聞いて驚き、「また今後教えてください」と職員に言われたときは虚脱感に包まれた。彼らは中国に約3年間滞在して帰国してしまう。なんのために中国に来たのかと考えなくてもいいことを考えさせられてしまう。

結局、ひと通り回ってみたものの、なんの成果も上がらなかった。銀行は人を見るということであれば、私は有益な人物として見られていないということなのだろう。

従業員の裏切り

銀行からの融資を受けられないことが分かった私は、やはり答えは現場にあると、前にもまして客先訪問を強化した。売上を立てなければ会社運営が立ち行かなくなる。私は必死だった。

出張を立て続けに入れた。当然経費はかさむし、社員との交流も少なくなったが背に腹は代えられない。その結果、小規模ではあるが新商品での注文を取ることができた。設備に金はかかるが、うまくいけばヒット商品になりえるものである。

すぐに研究センターに行き、全体会議を開いた。

久しぶりの受注に皆少し安堵したように見えた。この日社員をつれて食事とカラオケに行った。久しぶりに楽しい気分を味わい、このまま業績が上向いてくれればと望んだ。

新商品は従来の塗料だけの提供ではなく、工場内でシート状に加工し商品化したものだった。日本ではすでに販売されている商品であり、当社でも1年以上かけて試作を続けてきた自信のある商品である。

早速吹き付け器具と乾燥用の移動式棚を購入し、生産に入った。

ここで大きな問題が発生した。

技術の余が作った客先提示済のサンプルは弾性値の高い材料を使った特殊なもので、見積もりに計算した材料とは違うどころか、3倍もコストがかかるものだった。余と大喧嘩になったが、余は臆面もなく反論した。

「社長は中国商売が分かっていない。中国ではサンプルは必ずいいものを作るんです。実際は違っても問題ありません」

それを聞いて開いた口が塞がらなかった。

「では実際に施工してサンプルとは違うために問題が生じたら誰が責任を取るんだ？　余、お前か？」

私が詰め寄ると、これには一切答えないのが中国人である。

結局押し問答がありながら余は責任を一切認めることなく、私が事前の確認を怠ったかのような雰囲気で口論は終わった。

いずれにせよ生産に入らなければならない。私の判断は、サンプルで用いた特殊な弾性タイプ材料での生産を行うというものだった。ただし、少しでも原料を安く仕入れること、ほぼ手作業の生産を皆で流れ作業で行うことにした。

私もラインに入って、流れ作業での生産が始まった。初日は予定以上の生産量が上がった。

夜遅くまで工場の電気をつけてがんばった。私は工場近くの安宿に宿泊し、朝から深夜まで作業を続けた。

第一ロットの出荷を終えたが、収支は「利益なし」だった。やはり材料費が高いのがネックである。第二ロットへの対応に向けて更なる改良と効率化が必要だった。

余に相談するが、「材料レベルを下げずにコストを下げるのは無理だ」の一点張りである。この時点で私と余の関係は完全に冷え切っていた。

そんな中、原材料の一部において余の横領が発覚した。仕入先のメーカーへの値下げ要求の際に判明したことだった。厳しく問いただしたが、当然余は認めない。すべての原材料の価格交渉と仕入れメーカーの選択権を私に戻した。

しかし、コストダウンのための新しい原材料のサンプルを余に渡しても試験もしないのである。私と余の関係を見て他の従業員が一気に台頭してきた。

倉庫管理係の陳は、「すべての原材料を理解しております。余がいなくても生産は私の義理の弟の謝が対応できます。試験もできますので好きにご指示下さい」と自信満々である。また人の悪口ばかりを言っている劉も「家が近いので土日も関係なく対応しますから安心して下さい。余が試験しないのであれば私が対応します」と猫のように懐いてきた。

あまりの豹変ぶりに呆れたが、この日を境に毎日彼らから余の行動が報告されるようになった。なにも頼んでいないのにスパイのように報告が繰り返されるようになったのである。

陳からは「今日午後2時に余は秦を連れて何も言わずに出かけました。3時半に戻ってきました。そして秦と談笑していました」という報告があり、夜になると劉から「余の配合表のコピーが手に入りました。添付しますのでご確認願います」などというメールが届く。おそらく競合他社もうちの社員に金を渡して簡単に情報を得ているのだろうと感じ、今後客先に関する情報や配合は社員には伝えないようにした。

11月に入ると、代理店から連絡が入った。

「第一ロットの商品の施工が遅れており、いまだ第二ロットの発注ができない。御社の施工管理員を派遣してもらえないか？」

喉から手が出るぐらい発注がほしかった私は技術アシスタント秦を代理店のある江西省に出張に行かせた。現地には鵬がいたので2人で大丈夫と私は判断した。アシスタント秦を出張させることで、この時期に余と切り離しておきたいという気持ちもあった。

秦を出張に行かせた日に余と話し合いの場を設けた。

第一ロットを総括して第二ロットの改善をどのように図るかを議題とした。しかし余はまったく改善を図る意志がなく、話し合いにならなかった。翌日から余は徐を伴って倉庫工場から消え、直接研究センターに通うようになった。車で送迎していたアシスタントの秦が出張に行って工場に通うのが面倒になったのである。

数日後、上海のとある塗料会社の営業担当から連絡が入った。

「お宅の技術者がうちに出入りしているよ」

余のことだった。おそらく転職を考え始めているのだ。しかし、よりによって私が余に紹介した塗料業者に出入りすることもないだろう。少しは遠慮をしろよと思ったが、後日その塗料会社が当社と同じ製品を作り始めたことを知った。間違いなく余が情報を売ったのだ。

本人はそれでものうのうと研究センターに通い、誰に打っているのか忙しなくメールを打ち続け、毎月高い報酬を手にしているのだ。許せなかった。

余と、彼と一緒に上海の塗料会社に出入りしていた除の2人に朝一番で電話をかけ自宅待機を命じた。その日は工場で私自ら采配を振ることになった。皆生き生きとしていた。給与を決める私の目の前でアピールできるチャンスだからである。

その日の夕方突然、余と除が工場に現れ、大声で叫び始めた。

「どういうことだ！　辞めさせるつもりか！　不当だ！　警察を呼ぶぞ！　環境庁を呼ぶぞ！」

「自宅待機と言ったはずだ。今日の夜にお前の自宅近くに行くから後で話そう」

そう言ってその場を収め、夜になって余と除と話し合いをした。すると2人とも大きな泣き声で「申し訳ございません。トップ自らこんなに苦しんでいるというのに私たちは何も分かっていませんでした。これからは2倍がんばる所存ですのでどうかお願いします」と懇願し始めた。あまりにも迫真の演技だったので、今回ばかりは許すことにした。

しかし、中国人は一度裏切ると次も必ず裏切るのだ。この日を境に、余、徐、秦、劉との長きにわたる戦いに発展するのである。

冬場のサウナ問題

中国人は一度受けた罰や叱咤を忘れることはない。特に皆の前で罵倒されたり恥をかかされると倍にして返そうとするし、仕返しのために頭を使うことが得意である。

よくよく考えると中国の歴史は謀略や恨みや仕返しの繰り返しである。日本で流行った銀行を舞台にしたドラマの主人公は「倍返しだ！」が口癖だが、中国人にとっては当たり前のことなのだ。

余の配下であるアシスタント秦は江西省で鵬とタッグを組み、施工部隊に「もうすぐうちの会社は倒産する。今の内に施工費をもらっておくべきだ！　もし払わないのであれば施工を止めるべきだ」と吹聴し始めた。

施工部隊の頭領から私に「今日金を払ってくれ、さもなければ施工済みの壁を壊す」と連絡があり、なにか怪しいと思っていると、鵬から「施工部隊が壁を壊し始めている」とタイミングのいい電話があり、そのことに気付いた。驚いた私は施工費を一旦精算し振り込んだ。このときはこれで一件落着となった。

そうこうしているうちに冬を迎えた。上海の冬は寒く、頭が痛いことに今度は暖房が必要な季節になった。

それより頭が痛かったのは第二ロットの生産に乾燥機械を導入する必要が出てきたことである。第一ロットの時に使っていた移動式棚は冬場の低気温の中では乾燥に時間がかかりすぎ、生産効率が悪いのだ。工場内に小さな部屋を作り保温効果を持たせ、サウナの機械を導入することにした。

早速業者を呼び、サウナを導入した。最高80度まで設定できるサウナをつけると非常に暖かく、乾燥の問題は解決できるように思われた。またサウナの設置と同時に、研究センターを閉鎖し、拠点を倉庫工場に集約することにした。

効率化を図りたい思惑もあったが、資本が底をついていたので、研究センターのリース満期をもって撤退したというのが実情である。おかげで後日敷金が返還されて資金面で少し助かった。

ほどなく第二ロットの発注が来た。

前回と同様に流れ作業で生産を進めるのだが、またしても問題が発生した。

サウナルームに出入りする際に行うドアの開閉で室温が急激に下がり、平均50度を下回ってしまうのである。サウナを最大の出力にして乗り切ろうとしたが、後日電気代の請求を見て驚いた。月額８０００元（約12万円）を超えていたのだ。私は従業員たちに作業以外にサウナを使うことを禁止させた。この時、余と除と劉はぶつぶつと文句ばかりを言っていた。彼らはろくに仕事もせず、品質検査のためだという理由をつけてはサウナルームにこもっていたからである。

この案件は代理店から手付金を受け取ったのちに生産を開始していたが、手付金は全体のわずか10パーセントだった。しかし、第一ロットの品代と施工費を加算した時点ですでに手付金額を超えている状況だった。

第二ロットの生産にあたっては前述した特殊な事情により、施工部隊に先に施工費を払う形になっていた。資金不足の会社において持ち出しが多い状況で第二ロットの生産を続けるのは苦しい。そこで、第一ロット分の品代を振り込んでもらった後、第二ロットの出荷を行いたいと代理店に申し込んだところ、先方は急に怒り出して「それなら第二ロットはいらない」と言い始めた。鵬に状況を確認するが、代理店の総経理は非常に怒っているという返答である。

結局第一ロット分の15万元（約225万円）が振り込まれることはなく、第二ロットの出荷も停止したまま年末を迎えた。正月気分はまったく味わえなかった。

元旦に江西省代理店の総経理と電話商談をし、第二ロット出荷時に第一ロットの施工費用も同時に支払うという約束を取り付けた。そのため1月4日の初出勤は少し心が軽かった。倉庫工場を皆で綺麗に掃除し、第二ロットの生産を再開した。

反逆

工場での昼食弁当は私がいつも買って皆に配っていた。1つ10元であり、毎日約100元（約1500円）を払っている計算である。

会社規定では個人負担になっているが、中国では経営者が当たり前のように払うし、従業員から「ありがとうございます」という言葉は一切ない。経営者は一番お金を稼いでいるのだからこれぐらい使って当たり前という考え方なのである。

このような事情があるから毎日従業員の前に顔を出すのも考えものである。従業員の飲み物や食事や煙草に気を使っていると毎日数千円が飛んでいく。1ヶ月で考えると10万円前後の出費になるのである。

従業員はその上で「社員旅行はないのか」などと主張してくるから、たまに何のために会社を作ったのか分からなくなる。つくづく中国というのは、経営者が従業員を選ぶのではなく、従業員が経営者を選ぶ国だということを思い知らされる。

この頃から余、徐、秦、劉の4名はよく一緒に帰ったり、工場の隅で集まって食事を摂ることが多くなっていた。

毎月の給料は翌月の10日払いが原則だった。創業以来一度も遅れることなく振り込んできた。しかし、1月8日に江西省の代理店から入金があるはずの施工費と第二ロットの品代の振り込みが9日になっても行われず、私は慌てて総経理に確認をした。10日の午後払うという約束を得た。

しかし、これでは従業員への支払いが1日遅れてしまうことになる。従業員たちには経理部経由で、10日の夜遅くか11日に給与を振り込むと報告してもらった。

10日の夜、私は上海の代理店の担当者と簡単な夕食を終え、20時頃、倉庫工場に戻った。生産出来高を確かめるためである。

工場に行くと陳と謝と龍が残っていた。残業申請が出ていなかったので不思議に思って確かめると、「家に帰っても暖房もなく寒いので、サウナをつけて暖を取っていた」とのことである。サウナを仕事以外で使うなと怒りたかったが、今日は給与のこともあるので黙っていようと我慢をし、久しぶりに3人と談笑をした。

その時、突然シャッターが開く音がして余、徐、秦、劉が入ってきた。彼らは先程まで工場にいて帰り際に私を見つけて急遽戻ってきたということだった。余が一歩前に出て私にこう言い放った。

「給与はいつになるのか？」

「経理部から連絡したように今日の夜か明日には間違いなく振り込む」

私は丁寧に説明をしたが、余はここぞとばかりに大声を上げた。

「信じられない！　間違いなく振り込むことを書面に残してサインをしてくれ！」

余が叫ぶと同時に秦と劉がシャッターをけたたましい音で閉めた。そして彼らが合唱を始めたのだ。

「給料を今日払え！　給料を今日払え！　給料を今日払え！」

私は夢の中にいるような気持ちだった。

その後、倉庫入口付近に設置してあったソファーに私を座らせ、7人が私を取り囲んだ。約2時間にわたり、給料をすぐに払えと尋問を受け続けた。その間、電話もかけさせてもらえないし、トイレに行きたくなって「ドアを開けてくれ」と言っても、秦が足でシャッターのふちを押さえていて外に出してくれない。軟禁である。

大声で叫ぶ従業員の顔と、力づくの軟禁を目の当たりにして、昔NHKのドキュメンタリーで見た文化大革命の場面を思い出した。ああ、おそらくこんな感じだったんだろうなあと思った。何を言っても聞く耳を持たないのである。従業員の顔には動物的なものすら感じた。

軟禁状態が2時間も続き、さすがに疲れ果てたのと、無性にトイレに行きたかった私は一計を案じた。そうだ！　中国人ほど人を裏切る人種はいないわけだから、この中から裏切り者を出させよう。早速、陳と謝と龍の3人を呼び寄せ、私はこう言った。

「会社の資金繰りは確かに苦しい。しかし、今現金でお前たち3人分の給与分ぐらいはある。残業代も出せる。今日現金で渡してやるから私をここから出してくれないか」

思った以上に効果はテキメンだった。金につられた3人は私をガードし、無理やりシャッターをこじ開けようとし始めた。それに対して余たち4人がシャッターを閉めようとし、中国人同士3対4の争いになった。そのまま押し問答になり、とうとう劉が言った。

「お前らは戦争でたくさんの同胞を殺した日本人の味方をするのか？」

この言葉は中国ではよく耳にする殺し文句である。

シャッターが半分開いた状態で押し問答している様子が外に聞こえたらしく、誰かが警察を呼んでくれた。

数人の警官がやってきて事情を説明した。私が「給与は今日の夜か明日支払う予定であり、そのことはすでに連絡済みだ」と説明をすると、余たちは「払うはずがない！」と大声で叫ぶ。

すると警官のリーダーが「経営者はいつも大変だ。そのことは君たち従業員が身に沁みて感じなければならない」と余たちに言い、余たちは黙った。そして警官のリーダーは私に向かい、「従業員はなけなしの金でも大事だ。必死に生きているんだ。あなたは従業員の生活も大事にしなさい」と発言した。初めてまともな警官と出会った気がした。現場で調書にサインをし、その日は軟禁から解放された。

シャッター全開となり、まずはトイレに行った。トイレから工場に戻り、軟禁されていたことを再度警官に訴えたが、「そうか、それは大変だったね。中国ではよくあることです」という一言で終わった。工場を出てから上海総領事館にも連絡をしたが、「殴られたわけではないですし、何もないようでは動くことはできませんね」という対応だった。

私はシャッターをこじ開けようとした陳、謝、龍をつれてレストランに行った。一緒に食事をして給与と残業代を現金で支払い、各自にサインをしてもらった。給与をもらうと、彼らは余たちの悪口を言い始めた。本人たちの前では一言も発しない連中だが、酒も入り気が大きくなったのか、2時間ほど悪口を叩いた後、「明日もがんばりますから安心してください」と言って帰っていった。

ひと心地ついた私だったが、まだ安心はできなかった。銀行で確認をするが、江西省代理店からの入金がないのだ。電話をしてもつながらない。ほとほと疲れ果てた。

明日は入金があるだろうか？　入金がなかったら給与を払えず大変なことになる。そもそも余たちは会社に来るのだろうか？　来たらどんな顔でどんな言葉を交わすのだろうか？　来なかったら第二ロットの生産が間に合わないし、それも困ってしまう。頭の中をさまざまな不安が渦巻いていたが、そのうちに私は眠りについていた。

「金は支払えない」

翌日の午前中は陳たちに工場を任せて家にいた。江西省代理店の入金を待ったのである。しかし正午になっても入金がない。心配になって電話すると総経理から衝撃の一言が発せられた。

「金は払えない」

「先日の話と違うじゃないですか、どういうことですか？」

私が尋ねると、総経理は説明をしてくれた。どうやら余と秦と鵬が江西省代理店に手を回して「会社が給与を払わない。倒産間近だ！　第二ロットの支払いをしたら生産せずに逃げられてしまうぞ！」と昨夜のうちに電話をしていたというではないか。

「そんなことをするはずがないじゃないか。今はとりあえず施工が完了した第一ロットの代金を払ってくれ」

私はそう言ったが、総経理は冷たく突っぱねる。

「会社の財務が第二ロットの品代と一緒に支払いを手配しているから分割は無理だ。第二ロットが江西の現場に到着したらまとめて払う」

「それは困る。手付金を超える金額の発注はその都度前金で払うと契約書に書いてあるじゃないか」

私は食い下がったが、総経理はにべもない返答をする。

「契約書の内容は覚えていないし、手元に契約書がないから分からない」

あまりにも無茶苦茶な言い分だが、中国ではこのようなことが起こっても不思議ではない。ダメだ！ 話にならないと頭を切り替えて、私は電話を切った。そして上海の代理店を訪問して契約直前だった案件の正式発注をもらい、夕方入金をしてもらった。

まずは今回の騒動に加担していなかった董、周の給与を支払い、弁護士事務所に向かった。今回の一連の騒動の内容を聞いてもらうためである。

中年の弁護士は私の話を聞くとこう言った。

「あなたは悪くないよ。中国企業の多くは10日間も20日間も給与が遅れるのは当たり前ですよ。彼らもそれを知っているはずですよ。しかも給与支払い予定日に軟禁でしょう。あなたを軟禁した彼らの行為が犯罪です」

その言葉に救われた私はこの後の指示を弁護士に仰いだ。すると次のようなアドバイスがあった。

「まずは今後互いにどうするかが大切で、話し合いの場を個別に持った方がいい。その上で今月分の給与を支払うのか、彼らから辞表を出すのか、それとも首にして賠償金を払うのか明確にしたほうがいいでしょう」

私は個別に呼び出して喫茶店で話し合いをすることにした。弁護士があらかじめ余に電話をして、余の希望を聞いてくれた。余の希望は、1ヶ月分の給与をもらえれば他には何もいらないということだった。

給与を準備した私は車で余の自宅近くまで迎えにいった。ぶすっとした表情の余を車に乗せて弁護士事務所に行き、そこで給与の受け渡しを行うことになっていたが、車を300メートルほど走らせると突然余が叫び始めた。

「俺をどこに連れていく気だ！」

私は静かに説明をした。

「弁護士事務所で見届け人がいるところでお金を受け渡してサインするんだ」

余は私の仕返しを異常に怖がっていた。信号で車が停まると、余はドアを開けて車から飛び降りた。そのまま歩道に駆け上がり、私に向かって「汚い真似はするな！　他の連中を呼んでくるから待っていろ！」と叫んだ。

汚いのはどっちだよ、1人では猫みたいにおとなしいくせに集団になると突然勇猛果敢になるのは中国人の悪いところだ。でも、サッカーや団体競技は弱いくせに、体操などの個人種目が強いのは自己中心的だからなのかなあと考えながら、叫び続けている余を眺めていた。

結局この日は余に給与を渡すことができず、弁護士に連絡をしたら「少し様子を見ましょう」ということになった。

5人に訴えられる

後日、余、徐、秦、劉、鵬が個別に私を訴えた。余に至っては社会保険や給与、罰則金などしめて7万元（約105万円）の請求、他4人を含めると約20万元（約300万元）の請求になった。

ひどいものである。やはり最後は金なのだ。

しかも、中国と日本の関係が尖閣諸島問題で大変な時期に訴えられ、圧倒的に私に不利な状況だった。一審裁判はすぐに行われた。

結果は予想外で、証拠不十分で私の全面勝訴となった。

先方は臨時弁護士で何の準備もしておらず、敗訴になったわけである。また、裁判で劉と鵬が他のメンバーと足並みを揃えなかったことも大きかった。劉は4000元（約6万円）、鵬は3000元（約4万5000円）を現金でもらえれば他にはなにもいらないということだったので、すぐに支払いを済ませ、2人の処理は完了した。

余、徐、秦はそれぞれ二審に上訴した。

しかし、一審の判決から二審の開廷までに半年以上かかった。中国ではこのような裁判があまりにも多く、一度判決の出ている案件は後回しにされるのである。

通常中国企業は半年や1年間の給与未払いなど日常茶飯事である。社会保険にも入らないし、インセンティブなどというのは言葉だけであり、支払う中国人経営者は極めて稀である。そのため労働争議が多発するのだ。

従業員を黙らせるためには、その従業員の親戚血縁者を雇用するか、脅しをもって訴えさせないなどの方法を採らなければならない。事実中国人は戸籍や住居の情報を経営者に知られているので脅しなどは効果的なのである。しかし、乱暴な方法を採らない日本人にとってみれば、逆に従業員からの脅しに怯えることになる。現に私はこの後、余、徐、秦の度重なる脅しに直面することになった。

彼らはマフィアなどの悪い友人を使い、知らない携帯番号で脅しの電話をかけてきた。

「おたくは毎日何時頃、暗い道を通って家に帰っていますね。あのあたりは悪い輩がいますから注意したほうがいいですよ」

創業当時の私はこのような事態になることなど一切予期していなかったので、時には従業員を自宅に招待していた。相手は家の場所を知っているのだ。

これらの脅しは長く続いた。

家を知られているのはやはり気持ちが悪く、私は別の場所に引っ越し、誰にも住所を教えなかった。

一審の判決から1ヶ月ほどすると、彼らから届くメールの内容は過激なものになった。

「中国では2～3万元払うと平気で人を殺すやつが雇える！ 覚悟していろ！ 道を歩くときには気をつけろ！ 硫酸をかけるぞ！」

このようなメールが連日届き、正直胃が痛かった。弁護士にこのメールを見せたが、身元を特定できない携帯からのメールでは何の証拠能力もないということだった。二度と見たくないので消去した。

ちなみに音声を録音したものやビデオで撮影した映像などは中国の法廷でも証拠能力があるとされている。そのため商談や揉め事の時には録音をするのがなかば常識になっている。もし、本書の読者が中国に駐在している日本人ならば、自分の会話がどこかで録音されていると思っても間違いはない。後々揉めた時に証拠として、音声が証拠品として提出されることになるのである。

その他の社員たちの動向

この騒動の後、会社には、陳、謝、龍、董、周の5人のメンバーが残った。

しかし、陳は2ヶ月後には辞表を出した。

理由を聞くと、彼は上海の戸籍が必要で騒動が起きた時には戸籍の取得に必要な企業勤務期間が2ヶ月足りなかったため、辞めるわけにはいかなかったという。もともと当社に入ったのも社会保険をきちんとかける日系企業に少しの間だけ入っておくためだったと言い、あまりにもあっけらかんと語るので怒る気にもなれなかった。

しかし、この陳よりも先に謝が辞めることになった。どうしてと尋ねると、「よい就職先が見付かったんです」と嬉しそうに語った。

その就職先とは当社の倉庫の隣にある中国人経営者の速達会社だった。隣の会社で気まずくないのだろうかと思うのはこちらだけで本人はちっとも気にしていない。

「近いから今後もよろしくお願いします！　たまには弁当食べにきます」と平然と言う様子に「あほか！」と憤りを感じた。

謝はその会社で配達の仕事をするために、入社条件である電動バイクを購入したが、購入した翌日に盗まれてしまい、外勤に出られず内勤になった。そのため約束の営業報酬も受け取れず、もともと学のない彼に数字計算ができるはずもなく、毎日辛そうに出勤していた。そして私を見ると笑顔で駆け寄ってきてこう言うのである。

「社長！　私が必要であればいつでも言ってくださいね」

龍は浅はかな男だった。背は低く細いが力があった。しかし頭はよくなかった。謝の影響を受けて隣の速達会社に転職をした。しかし、新会社の同僚と喧嘩をして3日で首になってしまった。「広西省の田舎で自動車塗装をする」と言って帰っていった。

董は真面目な性格で、日本語ができることから日本の会社との貿易窓口として手腕をふるってくれた。本人にもやる気があり、総務も会計も担当していた。実質的に当社の執行総経理にあたる役職をこなしていた。

周は以前私を拘置所に迎えにきてくれたタクシー運転手周さんの息子で、温厚な性格で誰からも好かれるタイプだった。本人いわく「入社2年目の夏頃に辞表を提出しようと準備したが、父親に怒られたため提出できなかった」ということである。それが会社に残った原因だ。

陳、謝、龍の3人が辞めた後、新しい社員を数人雇った。

中国人は決して薄情な者ばかりではない。董のように責任感の強い、優秀なスタッフもいるわけで、どのようにして有能な人材を確保できるかを考えなければならない。面接をしたところで短い時間では何も伝わってこない。投資と考えて雇用し、まずは使ってみること、そしてダメな人間は試用期間で見切りをつけることが重要なのだ。

私の好きな中国の歴史小説、三国志では忠義は善として描かれている。日本では蜀《ショク》建国に関わった劉備《リュウビ》、関羽《カンウ》、張飛《チョウヒ》やその軍師である諸葛亮孔明《ショカツリョウコウメイ》といった英雄たちの人気が高いが、中国ではどちらかというと三国を平定した曹操《ソウソウ》の人気が高い。曹操という人物は非情な性格の持ち主で気性は荒く、しかし人材登用に長けており天下統一に一番近い英雄だった。このような人物像は中国人の共感と憧れを生むのである。それに対して劉備は苦労人で、人情に厚く損ばかりしていていつもチャンスをものにすることができない。中国においては劉備のような生き方は流行らない。曹操のように力強く、時には残酷に決断をしていかなければならないのだ。

企業における人材確保にも同じことが言える。経歴詐称が蔓延している中国では雇用する相手の素性はよく調べる必要がある。前の会社で大問題を起こした要注意人物である可能性も高い。

一旦雇用契約を結び、試用期間を過ぎれば解雇するのは難しくなる。かといって問題のある社員を使い続けていると、裏切りや反逆に遭い、すべてを壊してしまう。試用期間で見極め、問題があれば躊躇なく首にしなければならないのである。

第3章　大嫌いだが憎めない中国と中国人

謝らない国中国

中国を訪れる前は、「悠久な大地で育った中国人は器が大きく、性格の優しい人たちで、太極拳をしながら過ごしているのかな」と思っていた。

大学時代に初めて旅行で中国を訪れた時、接した中国人は少ないが、「ゆっくりと時間を過ごし、大陸に象徴されるおおらかな性格だなあ」と感じた。製菓会社に就職をして出張や駐在で中国に滞在すると、中国人とビジネス上の関係性が増え、「商売上手だなあ、接待上手だなあ」と感じるようになった。

そして創業し、従業員を雇用し、中国人と直接商売をするようになると、「中国人は中国人同士でも信用しない。騙すからである。また責任を負うことはしないくせに必要以上にメンツを重んじる」と変化していった。

こう書いておきながら、私は中国人を決して悪いとは言わない。ある程度騙していかないと生きていけない人があまりにも多いのだ。また、学校や家庭での教育が日本とまったく異なることも忘れてはいけない。

たとえば我々日本人は人に迷惑をかけたり、人を傷つけたりするとまずは「ごめんなさい」

と口にすることを教えている。しかし、中国人は「すみません」とは口が裂けても言わない。学校においても謝ることを奨励していない。

なぜ謝らないのか。

この国では謝るとすべての罪を認めることになるからである。それに伴う金銭賠償や世間体を考えると完全に自分が悪くても謝るべきではないという考え方なのだ。

私もこのことを痛感させられる場面に何度も遭遇した。

会社のビジネスで従業員がミスをしたとしても認めないのである。ましてや謝ることがあるはずがない。謝った場合、万一損害金額を要求されるとそれに応じざるを得なくなるからである。明らかにその人のミスだったとしても、指摘をすると一言目には「私は知りません」と嘘をつくのだ。

私はよく車を運転するが、交通ルールが守られていない中国では頻繁に事故が起こる。一度も事故を見ない日はないと言ってもいいほどである。

ある日車を運転していた私は赤信号で車を停めた。すると後ろから乗用車が走ってきて、バックミラー越しに、速度が落ちないなあと思っていたら、そのままドシンとぶつけられた。中国で自分が事故に巻き込まれたのは初めてだったので、慌てて車を降りてとりあえず状況を確認しにいった。

するとどうであろう。相手はすごい剣幕で「なぜ急に止まったんだ？　右に曲がれるじゃないか！」と胸倉をつかんで抗議してくる始末である。「この交差点は見ての通り、右に曲がる際に別の方向指示器があり、それに従うルールだ」と教えても、「いや、さっきは青だった」との一点張りである。

結局一切謝ることもなく、警察の到着を待って処理することになった。警官が来ると、今度は上海語で会話である。その結果、私にも非があるという結論になった。警官に抗議をしたが、上海人同士で話がついており、私の言葉を聞き入れないのである。

もし上海人の運転手が謝っていたら100パーセント彼の過失とされて、翌年からの保険料アップと私への賠償は免れない。しかし、謝らなかったことで自分に有利な結論を導くことはできたのである。

万事がこのような調子だから特に中国人同士の揉め事の場合、激しい喧嘩になる。譲り合いの精神、相互理解の精神などというものは欠如している人種なのだ。

では、「ありがとう」は言うのだろうか。

これは言うのである。

日常で使う「ありがとう」は互いに気持ちのいいものだ。すべてが平和に進む気がするのである。しかし日本人のように多用すると中国人は謙虚すぎると嫌がる傾向がある。「友達関係なのに水臭いよ」といったところである。

日本で仕事をしていた時、上司によく飲みにつれていってもらったが、食事開始後にまずは「本日は誘っていただきありがとうございます」と言っていたし、勘定を上司にしてもらった後は「今日はご馳走いただきありがとうございました」と言い、翌日会社に出勤して朝一番で「昨日はありがとうございました」と言っていた。

しかし、中国では少し事情が違う。

中国人の総経理にご馳走になって翌日再度会った時に「昨日はありがとうございました」と私が言うと、総経理は、えっ？　何がありがとうなの？　という反応をしていた。「昨日総経理がご馳走してくれたことに感謝しているのですが」と言うと、「なぜ昨日終わったことに今日また感謝しているの？　しかも昨日勘定を終えた時にありがとうって言っていたでしょう」と逆に聞かれた。このことについてはもっともだと思った。

そういえば製菓会社に勤めていた時に大阪人の直属のケチな大阪人上司が珍しく飲みにつれていってくれたことがある。

勘定の際てっきりご馳走してもらえると思っていたら、4020円の支払いに2000円徴収されて、「20円はご馳走してあげるよ」と言われた。私は店を出る際に「今日はありがとうございました」と頭を下げた。しかし、何に対してありがとうなのか？　上司がたっぷり聞かせてくれた愚痴に対してなのか？　20円に対してなのか？　と考えれば考えるほどよく分からなかった。

その点中国では前述したようにお金を持っている人が払って当然という考え方がある。しかし、見栄を張っている中国人が多いので、夕食に誘ったり誘われたりする時は、人数や場所を考えることが難しい。基本的には誘った人が払うことになるからだ。

円卓テーブルは基本8人掛けであり、部屋のドアと逆側の真ん中、日本でいう上座に座った人がホストであり、ホストが客人のもてなしと勘定を担当するのが中国ビジネスのマナーである。

中国人は友人関係を非常に大事にする。ビジネスの場においてもまったく関係のない分野の友人の紹介で決まる案件が多い。広い中国、数多い中国人の中で互いにもたれあって助け合っているのである。

中国で知り合いができるとまずは一緒に食事に行くべきである。その時に新しい友人の紹介を受けることが多い。その新しい友人はあなたの知り合いと10年以上の長い付き合いのはずである。

そんな長い付き合いの友達を中国人は大事にするのだ。食事をご馳走したり、ＫＴＶに連れていったり、事あるごとに呼びつけては一緒に楽しむのである。だから友達が困った時も必死に助けるのである。友達が金銭に困っていれば、家族同様に自分の家に住まわせたりもするし、長い期間にわたり食事を食べさせてあげたり、借用書なしで金銭を貸してあげたりもする。

中国人の知り合いと食事した際によく友人にお金を貸したという話が出る。

「実は3年前に20万元貸していて、戻ってこないんだよね。私は新事業で失敗して資金を早急に集めなければならないのだが、全然集まらずに大変なんだよ。でも友達に返してとも言えないし」と言うのである。「家は知っているの？」と聞くと、「家も知っているし、電話もつながるよ」との返事である。

しかし、「今困っているんだったら少し返してもらったらどう？」と提案すると決まって、「いや、彼から電話がないということはまだ困っているんだろう。もう少しそっとしておこう」という答えが返ってくる。「仮に返ってこなかったらどうするの？」と聞くと、「それは友人に貸した以上仕方がない、諦めるさ！」と平気で言うのである。不思議な考え方である。

この考え方にはメンツを重視する中国人の考え方がよく表れている。メンツを重んじる中国人にとって、友人に久しぶりに電話をかけて返済の催促をすれば男気がないと思われる、それが嫌だというところだろうか。

認めてしまったばっかりに

創業して間もない頃に施工現場で事件が発生した。

施工員が5メートルの高さの足場から落ち、目の前で地面に叩きつけられたのである。その現場は中国の大手布団メーカーの新規店舗の外装工事であり当社の塗料が使われていた。塗料メーカーの代表者として現場に注目しているというパフォーマンスを客先に見せる必要があり、私はその日現場を訪れていた。

上海から車で5時間も離れた場所だった。数人の施工員が急ぎの作業をしていたが、安全ベルトもせず、安全帽もかぶらず作業をしている姿を見て不安を覚えた矢先の出来事だった。

この現場における当社の契約は材料のみであり、施工は含まれていなかった。施工会社の代表は安徽省出身の親方が率いる部隊である。

親方を呼び出して現場の安全管理について尋ねたところ「問題ない、皆工事は手慣れているから安全帽や安全ベルトなしでも大丈夫だ、保険は皆入っているよ」という返事だった。高層ビルでもないし大丈夫かなと軽く考えて、私は施工の進捗を見守っていた。施工員に飲み物を買ってきてあげたり、塗料を受け渡したり、できる限りの手伝いをした。

夕方近く、少し暗くなり始めた頃に親方が移動式足場の上から私を呼んだ。

「おい、少し動かしてくれ」

周りを見ると誰もいないので、「少し待ってくれ。人を呼んでくる」と答えたが、「大丈夫だから急いでくれ！」と怒鳴られた。下の留め金を外した瞬間、足場がぐうっと倒れてくるのを感じた。その光景がものすごくスローモーションに見えた。

私は全身を使って押し戻そうとしたが、足場は思ったよりも重く、親方はそのまま地面に叩きつけられた。目の前に倒れ込み、大きな唸り声を上げている。私は顔面蒼白になった。周りの人に「救急車を呼んでくれ！」と頼んだのだが、誰も動いてくれない。

中国では救急車の費用を個人が負担しなければならない。保険に入っていれば保険でカバーできるのだが、多くの人が加入していないので、うっかり善意で救急車を呼ぶと患者に金がない場合、電話をした人が支払う必要が出てきてしまうのだ。

野次馬の中国人が私と親方を囲み、好き勝手なことを言い始めた。「彼は死ぬぞ！」とか、「頭を上げさせろ」と言う者もいれば、「いや、こういう時は下げるべきだ」と言う者もいて意見がバラバラである。

私はドラマの登場人物のように「すいません！　この中にお医者さんはいませんか？」と叫んでいた。けたたましいサイレンの音が聞こえてきた時には少しほっとした。しかし、人をかき分けて進んできたのは警察官だった。疑いたくはないが、ひょっとしてただだから警察を呼んだのではないかと思ってしまった。

警官が私に「救急車を呼んだか？」と尋ねる。「いいえ、まだです」と言うと、「早く呼べ！」と言葉が飛んだ。それから電話をして20分ほどして救急車が到着した。

病院に着いて緊急処置室に入ったが、看護婦も先生もまったく動こうとしない。理由を聞くと、「まずは受付で手付金を払ってきて下さい」とのことである。ようは金がないと診察も受けられないのだ。

当然付き添いの面々の眼差しは日本人である私に注がれた。「いくら払うの？」と聞くと、「とりあえず5000元（約7万5000円）医療カードに入れて下さい」と言われた。すぐに病院前のキャッシュディスペンサーでお金を下ろして医療カード5000元分を作成して看護婦に見せた。「OK！」と診察開始である。

病院に到着してから診察開始までに30分以上かかった。医師が親方の足を診察し、「これは折れているなあ、よく意識あるね、大したもんだよ」と一言である。「まずはレントゲンを撮ります」と長い廊下を移動した。10メートルごとに5センチぐらいの段差があるので、そのたびに親方がうめき声を上げている。

結局レントゲンを撮って、血液を採取して「今日はこれで終わり」と通知された。「結果は？」

と聞くと「今週は混んでいるから3日後です」との返事。３日後とは遅すぎないかと思ったが、その上、「部屋は満室なので患者のベッドは廊下に設置します」ということだった。

上海に在住している親方の親戚が夜遅く車で駆け付けてきた。私に「後３０００元（約４万５０００円）立て替えてくれないか」と相談してきた。親方の家族と一緒に医師のところに行って「先生よろしくお願いします」と３０００元を差し出すと、医師は笑顔になって「分かりました。明日検査結果を出します。部屋も明日準備させます」と答えた。

中国の病院ではこのように付け届けをしないと満足に診てもらうことができない。本当に腐った体質だが、全国的に当たり前になっているので仕方がないのである。

翌日検査結果が出たが、足は複雑骨折をしている他、筋が何本か切れており、鉄を入れて接合しなければならないということだった。脱臼処置も行ったが看護婦が未熟で1時間つけたり外したりしても治らなかった。鉄を入れる接合手術は順番待ちで1週間後になるということである。

とても待っていられないので、上海の知人に連絡をして上海の有名な病院の部屋を確保し、手術の手配をした。この病院には別れを告げて上海に移動することにした。精算にいくとレントゲン撮影と脱臼処理と血液検査をしただけで７０００元（約10万５０００円）の支払いである。それに付け届けの３０００元を足すと1万元（約15万円）の出費だ。親方はやはり保険に入っていなかった。

上海に移動するにあたり、問題は交通手段だった。複雑骨折をしている親方は座ることができないし、寝たきりである。ワゴン救急車タイプの車を病院が斡旋してきた。

費用を確認すると運転手つきで片道5000元（約7万5000円）ということである。ちなみに高速料金は含んでいるがガソリン代は別だ。あまりにも高すぎるので今回親方が現場まで乗ってきていた小さなワゴン車で送ることにした。

その日、上海から来ていた親方の親戚を病院近くのホテルに案内した。医師にお金を渡したにも関わらず、親方は相変わらず廊下のベッドに寝かされており、皆でローテーションで夜中の看病を行った。

翌日、病院近くの店で按摩ベッドを購入した。親方のワゴン車の後部座席を取り外し、按摩ベッドを入れて固定し、上海に運転して戻った。

按摩ベッド1500元、かけ布団300元、ホテル代金が3部屋で700元、夕食費用（皆酒をよく飲んだ）1000元、高速代金2台分800元と合計4300元かかり、結局救急車費用とあまり変わらなかった。1日ロスしたのと親方が窮屈だっただけだ。しかもこれら費用はすべて私の立て替えだった。

上海の病院は格別に環境がよかった。なんといっても病院内の照明が明るいのである。

翌日早速接合手術が行われた。これには合計４万元（約60万円）かかり、またしても私が立て替えた。

１週間後、親方の親戚が病院に集まり、私もそこにいた。安徽省から来た親戚一同だが、どう見ても育ちがよくない。一抹の不安を感じながら話し合いに参加した。その時に達した結論に私は耳を疑った。

「今回一番悪いのは我々にこんな無理な工期で施工を命じた布団メーカーだ」

私は事の経緯をありのままに警察と親戚に話していたので、足場を少しでも触った自分が責められると思っていた。親戚の１人が私に「こういう時は一番お金を持っているところにもらいにいくものだ」と言うのである。

その後、１ヶ月にわたり、親戚連中は団体で布団メーカーに乗り込んでいた。しかし相手は大企業であり、当然お抱えの弁護士が出てきて、学のない親戚一同はあえなく退散となった。親戚連中は長い会議に入り、その上で新しい結論が出た。

「足場を触ったあなたが悪い。あなたが今回の費用負担と今後の賠償をするべきだ！」

当初の想定通り、私にお鉢が回ってきた。

私は上海市内のあらゆる弁護士に電話で相談した。しかし、皆口を揃えて、私が費用を負担しなければならない可能性が高いという返事だった。すでに入院費も手術費も私が立て替えており、自分の過失を認めているとみなされるというのである。

立て替えた分が戻ってこないことは覚悟したが、親方と親戚は今後1年にわたる保障を求めてきた。年間15万元（約225万円）である。

「払えない」と言うと、翌日から安徽省出身の連中が事務所にやって来て大声で叫び、居座った。本当に変人である。彼らは「今度は自宅にお邪魔します」と言い、本当に勘弁してくれという心境だった。

弁護士を探し回っていたのが功を奏して、いい先生に巡り合うことができた。前述した余たちにも立ち向かってくれた朱《シュ》先生である。日本に長年滞在したことのある朱先生は私と契約を結んだ翌日に親方と親戚を相手に単身乗り込み、凄みをきかせて法律を説いたのである。

彼らは言葉を失った。録音テープも取った。中国では弁護士の力は圧倒的に強いのである。安徽省から出てきた彼らは語彙力も乏しく学もないので、それだけで勝てないと思い込んでいる。朱先生は「あなたが保障をする必要はない。彼らにはかなりキツく言っておいた」と言ってくれた。

しかし、このような事態にならないためには、中国人のようにあの場で「私は足場に触っていない」と言えばよかったのである。朱先生からも「なぜ、足場を触ったことを認めたのか?」としつこく聞かれた。普通認めるでしょう、と今でも思う。

この出来事と前後して、有名な事件が中国のある街で起きた。

横断歩道を渡ろうとした身体の悪い老婆が道の途中で倒れて怪我をしてしまった。それを見た善良な青年が老婆の肩を抱き病院に連れていこうとするのだが、老婆はこの青年を訴えるのである。それも横断歩道の途中で急に青年に突き飛ばされたと嘘をついたのだ。医療保険に入っていない老婆は医療費ほしさと、賠償金目当てに青年を陥れようとした。

この事件の結末は、信号機の横に監視カメラがついており、一部始終の映像が残っていたので青年はお咎めなしということになった。善意、悪意が分からない国である。

以前見た中国のテレビ報道では道端で物乞いをしている親子の姿が映し出されていた。父親と娘が道端にうずくまり、父親の右足はないようだ。通行人は父親への、娘への同情でお金を入れていく。しかし夕方になると、ひと仕事終えた父親は突然立ち上がり、折り曲げて隠していた右足を器用に出して娘の手を引いて今日の儲けを数えながら帰っていくのである。

もともとの考え方が日本人と180度違う民族である中国人に対応していくためには、我々はすべての行動の前にひと呼吸をおいて考えてから実行に移すべきである。また、なるべく現場などには行かずに週に一度ほどのペースで従業員と会議で接するぐらいがいい。その方が中国人から見てありがたい存在に映るからである。

反日デモや日本人への嫌悪感

毎年夏になると中国の各テレビ局は南京大虐殺に関する映画や日中戦争の歴史などを放映する。

床屋や料理屋でこのような番組が放映されているのを見て思わず周囲を見回してしまう。事実床屋でもこういった内容の映画が放映されると、「日本鬼！」といって日本人の悪口が始まるのである。

多くの中国人の脳裏には日中戦争の鬼畜日本兵のイメージがこびりついている。なぜそのようなイメージがあるのかといえば、中国の学校教育や、映画やマスメディアにおける政府の扇動宣伝の結果である。

一度中国の代理店の人たちを日本につれていった時、中国人の通訳ガイドを同行させた。成田空港に到着して市内に向かうチャーターバスの中でガイドが中国語で日本の紹介と同時に日本の悪口を冗談交じりで言い始めた。これにはびっくりした。

すぐに代理店の総経理がガイドを呼んで日本人の私が同乗していることを指摘すると、ガイドは顔を赤らめてその後は何も話さずに座っていた。日本人のいないところでは悪口ばかりなのである。

今住んでいる家の近くによくお世話になっているバイク修理店があるが、門には大きく「日本人禁止」と書いてある。幸いにも私は日本人とばれていない。しかし、同じように日本にあるバイク修理屋に「中国人禁止」と書いてあったら日本にいる中国人はどう思うのだろうかと考えさせられる。

数年前、上海で大規模な反日デモがあり、さまざまな被害が出た。日本総領事館をはじめ、日本料理店も襲われた。

ニュースでは心ない中国人が過激派となって日本の関連施設を襲っている様子が映し出されていた。私の行きつけの日本料理屋や友人の日式焼肉店、スーパーに並ぶ日本商品なども攻撃対象になった。

特に私の中国人の友人が経営する日式焼肉店は内装費に30万元（約450万円）をかけて新装オープンしたばかりだった。「あくまで日本式の店で中国人経営だから関係ないだろう」と高をくくっていた友人は内装も全壊という被害に遭った。当日デモ隊が駆けつけた際に彼は「私は中国人オーナーだ、日本とは関係ない！」と叫んだ。しかし、店内の至るところに貼りつけられた日本語のメニューを見たデモ隊は容赦がなかったのである。まるで文化大革命の一コマのようにすべてを破壊して去っていった。

後日一部の費用を中国政府が負担したが雀の涙程度であり、その中国人オーナーが、中国デモ隊と、デモを扇動した中国政府を恨んだことは間違いない事実である。

中国の新聞でも当時、同じ中国人が汗を流して製造した日本ブランドの中国車を破壊していると問題提起されていた。

この時一番頭がよかったのは、中国で一番流行っている日式ラーメンチェーンである。このチェーン店は店頭に中国の旗をかかげ、「当店は香港ラーメンチェーンであり、日本とはまったく関係ありません」と全店舗に張り紙をして難を逃れた。しかしこのチェーン店は熊本が本店のトンコツが売りの店である。中国ではずる賢く生きなければ損をするということだ。

中国で生活していると至るところで日本人は肩身の狭い思いをする。

私の会社が新しく事務所を構えたのはある小さな住宅区である。この事務所に日本人客先を案内し、ドアの外で日本語で会社の説明を始めると従業員が止めに入る。

「なぜ止めるのか?」と聞くと、「この住宅区には老夫婦が多く、日本語を聞くと恐らくこの住宅街から追い出される可能性がある」とのことである。結局、会社の看板を作成したものの「日本先端技術」という赤文字は虫眼鏡で見ないと判別できないような小さな表記に変えなければならなかった。

尖閣諸島の問題が発生した時、地下鉄に乗っていたら、中国人の友人が私に中国語で話すように指示してきた。私の中国語の発音はネイティブに近いので、地下鉄での彼との会話は日本人が話しているとはばれなかった。

この問題が加熱している間は外で日本語を話すことは少なかった。ある日、中国人従業員が「これを見てくれ！」と中国の携帯ニュースを見せてきた。

3枚の写真入りで、ある日本人が顔も隠さずに中国人に引っ張られる姿が映っていた。記事の内容は、恥知らずな日本人が地下鉄で痴漢行為をした、というものである。

しかし、写真を見る限り、この日本人は真面目そうなタイプだった。しかも、写っている写真の地下鉄の車両にはほとんど人がいない。普通痴漢ならば満員電車を狙うのではないかと不思議な思いがした。

その日本人の素性や行方は分からないが、仮に彼が痴漢行為をしておらず、中国語を話せない人ならば、重大な国際問題である。このニュースは日本ではたしか取り上げられていなかった。ひょっとしたらこれは民衆を煽るためのでっち上げの可能性もある。中国政府が中国人俳優に日本人のような格好をさせてニュースを作っていたとしてもおかしくない。中国はそのようなことがまかり通る国である。

私の客先の中国人総経理は共産党員である。

初対面の時から「礼儀と教養のない男だ」と感じたが、不動産会社に強いコネを持っているので無理につきあっていた。この総経理は大の日本嫌いで、毎回会うのが苦痛だった。

会うと必ず尖閣諸島や日本による侵略戦争の話をしてくる。日本総領事館を襲った過激派のような心を持った総経理を目の当たりにして「教育とは恐ろしい」と感じた。中国人は戦争の背景により日本は大嫌いと言いつつ、日本の製品は非常に好むのである。パナソニックをはじめとする日本電化商品、資生堂他化粧品、ビール、自動車、日本食といったものは大好きなのだ。

こういった商品を「買いたい、使いたい、金は惜しまない」と思う一方で、心の中で日本を許すことができない。そのため自分に「商品だから」と言い聞かせて購入している人が多いのである。

一方同じ第二次世界大戦の敗戦国であるドイツはうまくやっている。中国ではドイツを憎む声は少ないし、高度な技術力を武器にビジネスでは中国で大きく成功している国の1つである。

しかしもともと中国山東省を占領していたのはドイツであり、その際にドイツビールから青島ビールが生まれたことを現在の中国人は知らない。そのことを説明すると、「そんなはずはない。青島ビールは中国が開発したビールだ。そもそもビールは中国の三大発明の1つだ」との返事である。学校教育というのは人の感性に大きく関わってくるものだと実感する。日本人は金持ちで女好きで酒好きだというのが一般的な中国人の感覚である。

確かに日本人駐在員の中には、駐在員手当を自由に使い、毎日KTV美女に入り浸りでビール、酒、ウイスキーなどを浴びるように飲む者も多く、中国人のこの感覚は間違いではない。

残念なことは、なぜか日本人は中国に来た途端に謙虚さを忘れて、中国人に命令口調になることである。そのような人間の心の中には、一度は占領した植民地であるという認識があるのだろう。私はヒゲを生やした偉そうな日本人駐在員を見かけると、日本陸軍軍曹に見えて仕方がない。中国人も同じように思っているはずである。

マージン天国中国

中国と日本の物価を比較すると、１：２から１：５といったところである。これは商品や場所によって大きく違ってくる。

たとえば上海の中華レストランで料理1品と白飯を食べた場合、約30元（約４５０円）、日式ラーメンで40元前後（約６００円）、小さな料理屋で食べる美味しくない中国ラーメンで10元（約１５０円）、コンビニ弁当が13元（約２００円）といったところだ。

しかし車や不動産は非常に高く、私が所有しているチーターで10万元（約１５０万円）、高級住宅街のマンションは優に1億円を超える。

それに対して給与面はというと、新入社員の高卒で手取り２０００元前後（約３万円）、大卒で４０００元前後（約６万円）である。

家賃はというと１ＤＫで３０００～６０００元（約４万５０００～９万円）、一等地にある２ＬＤＫで1万元（15万円）、共同マンションで５００～１０００元（約８０００～１万５０００円）といったところである。

仮に高卒で２０００元の手取りとして、家賃に５００元を支払い、携帯費用やたばこ代（1

箱10元）などをひくと何も残らない。

30代の夫婦の場合、男性の手取りで５０００元前後、奥さんの手取りで３０００元前後、合わせて８０００元ぐらいである。ここからマンションのローンや子どもの教育費、先生への賄賂を支払うのだから大変だ。

ちなみに上海の国際スクールの場合、月謝は１万元近い。こういった学校にも中国人が数多く入ってきている。ではどうやってその金を稼いでいるのかという疑問が出てくる。

一番簡単な近道は不正行為である。

会社で原材料をちょろまかしたり、購買担当になってリベートをたくさん受け取るなどしている。これは周りも分かっていることだから相当面の皮が厚い人間でなければできない。現に元社員の余はそれでかなり儲けていたはずである。資金繰りに困っていた会社のことなど気にせずに高い原料を買い続けていた余の行動は許すことができない。

中国の日系企業はこのような取引の絶好のカモである。

実際に私の友人の会社も中国人秘書の言いなりに事務所と車をリースし、最も高い内装業者を選び、家具を買い、人を雇い入れていた。最終的に破綻して日本に帰っていった。帰国前に家具などを無料で頂戴したが、確認すると、椅子１つとってみても１０００元（約１万５０００円）はしたという。椅子は事務所に30個あったので、それだけで45万円だ。

あまりにも高いと思いネットで検索すると同じ椅子が400元で売っていた。マージンを中抜きしすぎである。椅子業者から秘書へのバックが1個200元だとしても、椅子だけで6000元も儲けたことになる。

今中国には金持ちがたくさんいると言われているが、実際は一握りである。彼らは不動産で儲けた人々であり、数十年前に不動産に投資した人はボロ儲けをした。また昔から上海にいて立退きなどで政府から住宅物件を数箇所もらった人たちも金持ちになっている。かつて1平方メートル2000元（約3万円）で購入したマンションが今や10倍近くで売れるわけだから、100平方メートルあれば2700万円もの儲けになる。

一方、事業で成功した人や、会社で不正を働いて小金を貯めている連中もいる。政府機関でその権益をかさに金集めに走る者もいる。警察はその最たる象徴である。

農家に生まれて、成功を夢見て都会に出たとしても、おそらく収入はずっと平行線である。それよりも大学を出て企業でいいポジションについて甘い汁を吸うこと、また政府機関に就職して仕事もせずに賄賂をもらうことの方が中国では金持ちへの近道である。

富豪と貧民の差が明確な中国では、多くの中国人が日本人のポケットマネーを狙っている。特に飲んだり遊んだりする時には財布の紐に気をつけることが肝要である。

トイレに行く時も財布は肌身離さず持っていくようにした方がいい。これは会社内でも一緒である。

　以前会社の打ち上げで謝が周の財布を盗んだ。最後まで謝は白状しなかったが状況証拠から見て彼の犯行に間違いない。しかし、中国では泥酔した周も悪いという見方をされる。後日周が謝に「銀行カードは再発行が面倒なので銀行カードだけでも返してくれないか？」と聞いていたのには驚いた。

　浦東《プートン》のラーメン屋台で食事をしている時、若い綺麗な中国人女性が2人の中国人男性をつれて近くにやってきた。彼らはマンションのリース料の打ち合わせをしているようである。

「3000元なら借りないわ。4500元なら借りる」

　一見矛盾した女性の言葉が聞こえてきた。よく分からないことを言っているなあと思っていたら、後から日本人の中年男性がやってきた。どうやら駐在員のようだ。

　駐在員は女性に「李《リ》さん、交渉どうなった？」と優しい声で尋ねている。すると先程は鋭い声で話していた女性が甘えたように「ええ、交渉の結果、あんないい部屋が4500元だってー」と返すのである。

　お前たちどんな関係なんだよと言いたいのを抑えて動向に注目した。日本人駐在員は不動産業者らしき中国人男性に答えた。

「じゃ、OK！」

するとと中国人女性が中国語で不動産屋の男2人とマージンの交渉を始めた。

「差額分は口座に振り込んでね。口座番号は後でメールするから」

その内容を聞いて、ラーメンを吹き出しかけた。交渉成立で李さんのサイドビジネスは年間1万8000元（約27万円）の稼ぎとなった。

中国人の楽しみは食事ぐらいのもの

累計で中国に約10年間滞在した。そのうちの約6年が本質的な中国生活と言える。何が違うかというと、その6年間は周りがすべて中国人だったということである。また、住まいが一般の中国のマンションもしくは工場の宿舎であったこと、交通手段がバスや地下鉄であったことだ。本質的な中国の生活は本当に疲れる。

たとえばバスを待っていると割り込みがあり喧嘩が始まる。しかも毎日である。バスの運転は非常に荒く、立っていると転んでしまいそうだ。

地下鉄に乗り換えるのに切符を買おうとすると長蛇の列であり、やっと順番が来て紙幣を入れると読み込みできない始末である。地下鉄に乗ると混雑した車内で口喧嘩が始まる。どうも足を踏まれたらしい。

やっとの思いで始業時間前に会社に到着する。しかし遅刻者が大勢いるので管理者の私は毎日怒らなければならない。

昼になって食事に出かける。食堂は狭く汚い。料理の味はまあまあだが、油が悪いのでいつも胸焼けがする。午後仕事をこなすと、従業員たちは就業時間ぴったりに帰宅していく。

彼らの帰りを見届けて私も帰宅するが、帰りも当然ラッシュである。

マンションに帰るとシャワーのお湯が出ない。しかもいつものことである。大家に電話して、直してもらうのに1週間以上かかると言われ、それまで温水シャワーが使えないことを覚悟する。ガスコンロがつかない。横の部屋がうるさい。21時なのに内装工事をしているのか上の部屋からドリルの音がする。

深夜1時頃、ドアがノックされてびっくりしてベッドから飛び起きる。様子を見にいくと誰もいない。続いて隣の家のドアを叩いている。「酔っ払いか！　謝れよ！」と叫びたくなる。

夜中3時頃に携帯が突然鳴り出す。びっくりして着信に出ると、「おい誰だ！」と聞かれる。「お前こそ誰だ？」と問い返すと「間違えた！」と切られてしまった。再び硬いベッドに横たわり朝を迎えるといった繰り返しである。本当に疲れるのである。

親しい中国人に「中国での生活をどう思うか？」と聞いたところ、ある共産党員以外は皆「海外に移住したい」という答えだった。中国人が中国を嫌いなのだ。中国人が嫌いな中国をなぜ日本人である私が好きになったのか不思議である。おそらくアメリカなどでよくある、日本を表現するテレビに武士や忍者が出てくるような勘違いを私も中国にしていたのだろう。

ある日、私は久しぶりに社内でイベントをしようと考えた。しかし、何をしようかと考えると何も思いつかない。

以前の勤め先では毎年登山であった。登山ほど疲れてつまらないものはないが、それ以外に行くところがないのだ。男女の社員を混ぜて混浴温泉旅行というのはまずい。となると遊びに行く場所は限られてくる。ボーリング？　ビリヤード？　ゲームセンター？　どれも行き飽きている。バッティングセンターを探したが残念ながら今はもうつぶれたとのことだ。じゃ、カラオケ？　男だけだとKTVか？　あれ、10年前の遊びと変わってない！　じゃどうする？　皆で飯をたべよう！　となるのである。

中国人は3度のご飯を本当に大事にする。朝ご飯もしっかり食べる。会社に遅れてでも朝ごはんを買いにいくのである。間に合わない場合は買ってきた朝ごはんを堂々と朝会で食べるのだ。

昼間は皆で外に食べにいくか弁当である。食事をしながらする話はもっぱら食事のことだ。よっぽど他の話題がないとも言える。食事に対する情熱と同じように仕事を語ってくれないかなあ、とぼやきたくなる。

上海蟹の季節がくると、どこの蟹が美味しかったという情報交換が始まり、皆グルメレポーター並に意見を交わす。日本食を食べにつれていくと、「これは何だ？」とか「あれを食べたい！」などと、お金を払わないくせに興味を示す。仕事の時には一切質問をしない消極的な社員たちが突然積極的になる時間である。

しかし、反面羨ましい気がする。中国人はなぜ皆仕事をするのか。一部の富豪を除いて言えば、答えはずばり生きるためである。ご飯を食べていかなければ生きていくことはできない。その食事を大事にするのは当然のことなのである。彼らは食べるために働いているのだ。

日本でサラリーマンをしていた時の昼食は本当に味気なかった。

12時から1時までの昼休みに終えなければならないが、12時ちょうどに会社を出ることなどできない。書類を片づけて12時5分、部長からの突然の質問に受け答えして12時10分、満員のエレベーターを待ってロビー到着12時15分、近くの定食屋にダッシュで到着して12時20分、列に10分並んでいるとすでに12時半になっている。注文品が出てくる時間や自分の部署に戻る時間を考えると、食事は10分以内に済ませなければならない。

私は毎日立ち食いそばを選んでいた。東京ではよく小諸そばにお世話になった。東京京橋店の店長が常連である私を覚えてくれていて、列に並ぶと私を見て、「毎度！　冷やしたぬき大盛りに卵ね！」と準備に入ってくれた。実を言うと本当は他のメニューも食べたかった。しかし、今は無性に小諸そばの冷やしたぬき大盛りに卵入れが食べたい。

上海には美味しい立ち食いそば屋がないので、私の中国での食事の興味はラーメンの食べ歩きである。しかし、美味しいラーメン屋はほとんどない。京都の天下一品にはぜひ出店していただきたい。

原材料が違うのかそれとも中国人向けの味にしているのか、日清食品のＵＦＯもよく買うが、正直美味しくない。日本から持ち込んだＵＦＯを中国人従業員に食べてもらうと、「これは美味しい！」と大絶賛する。

ラーメンといい、カレーといい、私は中国人の舌には日本そのままの味が受け入れられると考えている。日本の大企業はおそらく目隠しテストなどで一部の中国人に対するテストマーケティングを行っているのだろうが、ネットショップなどで日本の輸入食品をこぞって購入する中国人の友人たちを見て、日本のそのままの味で勝負してほしいと思うのだ。

日々口にする中国料理は日本で食べるものに比べて味が濃い。おそらくほとんどの中国料理には味の素を大量に使用していると思われる。そのため、日本の中華料理の味を期待して店にいくと失望することが多い。

日本の中華料理は日本人が中心になって生み出した本当においしい料理である。そしてとうとう本場中国の味を越えてしまった。逆に中国で食べる日本料理は永久に本場日本を越えることはできない。

中国の中華料理があまりに大量の調味料を使っているために、今の私には日本の中華料理の味が感じられなくなってしまった。先日上海にオープンした餃子の王将に行ったが、楽しみにしていたチャーハンの味がまったくしなくて愕然とした。最近中国人と一緒によく行く四川鍋などはトウガラシがこれでもかというほど入っており、まともな味覚を失っていくわけである。

そんな中国人たちが最近はグルメを気取り、足しげく日本料理の食べ放題に通い、サーモンとまぐろとウニを頼んで、醤油にわさびをたっぷり溶かして食べている。日本料理の本質が中国ではねじ曲げられてしまっている。中華料理の食べ放題なんてホテルのバイキング以外にないというのに、なぜ日本料理だけ食べ放題になったのか非常に不思議である。

中国では互いの挨拶に電話でもよく、「飯食ったか?」と聞く。昔ご飯を食べることにも苦労していた中国人が互いをねぎらう言葉がそのまま残ったのだ。この問いに「食べていない」と答えると、必ず「じゃ、近くで食べよう！　俺がご馳走するから」となる。

会社の経営が一番困難な時期、私は財布に30元（約450円）しかなかったことがある。全財産である。

その時ある中国の友人が「飯食ったか?」と聞いてくれた。正直私は朝も昼も食べていなかった。その中国人は私を近くの店に連れていき、6元の焼きそばをご馳走してくれた。その時に聞かれた「飯食ったか?」の重みを感じた。贅沢や遊びもしたいが、まずは食べることで精一杯なのだ。平和ボケした日本人の私はそのことを理解するのに相当時間を費やした。

今の私は中国人に「こんにちは、ご飯食べましたか?」と聞くことが習慣になった。「まだです」と返事があると、必ず食事につれていくことにしている。店はどこでもいいのだ。自分の財布と相談して身分相応のところでいいのである。万が一、聞いたはいいが金が足りない場合は相手に「ところでお前食事代持ってるか？」と聞けばいいのだ。

皆それぞれ必死になってお金を稼いで、毎日食事をして生きている。食事をするというのは生きていくということなのだ。

大嫌いな中国と中国人

最近、仕事上の関係で日本人に会う機会が増え、よく中国の悪口を聞くようになった。その上で「中国は好きか？」と聞かれる。正直に「大嫌いです！」と答える。「中国人は好きか？」と聞かれる。「それは人によります」と答える。

余、徐、秦、劉といった中国人は大嫌いである。陳、謝、龍といった中国人は大半が似たような連中であり、なんとも感じない。周、董といった中国人は大好きである。丁成は大嫌いだがどこか憎めない部分がある。

しかし、日本人から「中国が嫌いだ！」と言われると腹が立つことがある。何も見ていないくせに勝手に判断しているんじゃないという気持ちからである。やはり中国のことが好きなのだろうか。憎むことはできず、なにか面白みを感じるのである。

私は大学生の頃、中国人になることを夢見た。そのために中国語もネイティブと言われるほどに磨いてきた。

しかし中国人にはなれなかった。言葉などではない。やはり生まれ育った環境は大事なのだ。私は中国語がうまい日本人になった。日本人との間には少し距離を感じた。中国人的日本人になりつつあったのだ。

今は仕事の場でも私生活でも努めて日本語を話すようにしている。話せないと偽って、相手をだましているわけではない。中国語、日本語という異なる語学を楽しみたいのだ。たとえば商談の際に、中国の董事長が私が日本人であることに期待をしていることがある。その場において流暢な中国語で話し、しかも中国の歴史や経済、文化に詳しかったとしても、そんなことはプラスにならない。商談や食事の場で言葉の壁、文化・風習の壁を乗り越えて互いに歩み寄ることが必要であり、また楽しいのである。

製菓会社にいた頃、隣の部署に中国人の女の子が中途採用で入ってきた。瀋陽《シンヨウ》生まれの彼女は日本語教育を小学校から受けており、日本語は日本人と変わらないレベルだった。しかし中身は中国人なのである。

彼女がオーダーミスを発生させた時、上司や客先に彼女は謝らなかった。それどころか彼女を叱咤した上司のことを人事部に「パワハラを受けた」とクレームをつけたのである。結局彼女は志半ばにして上海事務所への出向を命じられた。彼女からすれば強制帰国だ。しかも日本で手取りで25万円はもらっていた給与が、中国現地採用扱いになり15万円まで落とされた。

その時彼女にこの旨を通知したのは当時上海事務所所長代理になりたての私だった。その後の駐在3年間、彼女はまったく私の命令を聞かなかった。

日本の大手商社の楊《ヨウ》さんという課長がいた。

楊さんが所属しているのは中国の缶詰を輸入販売している貿易部で、中国担当になっていた私はよく商談に参加していた。楊課長は日本に20年もいると言いながら商談で聞く彼の日本語はあまりうまくなかった。「奥様は日本人で彼女は中国語ができない」と楊課長は笑うのである。

当日提示のあった正式見積書の単価の欄には「一番安い楊さん価格」と注釈が入っていた。小学生が作成した見積もりでもあるまいし、どういうことかと目を疑ったが、これが中国人であることを最大限に活かした手腕なのである。

同席した購買部長も「楊さん、この表現は日本ではおかしいよ。ビジネスマンではないよ」と言いながら許しているのである。楊課長はしきりに「いや、本当安いよ、最安値よ！」と声を大きく張り上げるのだが、その言い方にも面白みを感じるのである。

「語学は手段である」と大学の教授がよく口にしていた。私は語学を極めることに夢中になるあまりに大事なことを見落としていた。おそらく私の中国語もペラペラであると自負しながらも語尾や言い回しは完璧ではないはずである。時には中国人が聞いて頭に来るような言い回しもあるだろう。お互いを理解することが大事なのであって、格好をつける必要はないのだ。

再度初心に立ち戻り、中国と中国人と向き合ってみることにした。久しぶりに日本語で中国人に話しかけた。「えー？　なんて言っているか分からない！」という屈託のない笑顔を返す大好きな中国人がそこにはいた。複雑な気持ちだったが、語学とはつまりはそんなものだと思った。

製菓会社本社勤務の時に知り合ったワインの仕入先に日本語がペラペラなヨーロッパ人がいた。名刺には日本名で『志村けん』と書かれていた。そして自己紹介で「私は変なおじさんです」と言っているのだ。一度だけの出会いだったが、今でも忘れることができない人物である。私も毛沢山（もうたくさん！）とかいう名前にしてみてもいいかもしれないのだ。

第4章　最終的に私の会社はこうなった

完全に商売に行き詰まった

創業から3年目の8月末にとうとう商売に行き詰まった。

当社に1000万元（約1億5000万円）投資すると半年間ラブコールを送り続けてきた南京の国有投資会社に突然ふられたのである。「今回はご縁がなかったことにして下さい」という一通のメールを見た時には我が目を疑った。

南京の担当者2人はこの半年間何度も上海に来ており、毎回美味しい料理を食べさせ昼から酒を飲ませていた。担当者との関係は申し分なかったはずである。日本の新素材を当社を介して中国に技術移転し、南京の投資会社が工場投資をして、当社が生産と販売を管理し、3年後の株式上場を目指すという夢のような話だった。

それが8月に入って突如、「今回の商品は中国において新素材にあたらないようなので投資できない」との返事である。もとはといえば南京の投資会社がその商品を指定したのであり、彼らもこの商品ならば国からの援助を受けられると語っていた。

さんざん従業員の給与体系や経営方針、組織表、品質管理表などを提出させておいて、メール一本で終わりである。一番困ったのは会社の従業員が期待していたことである。投資会社が事前に当社の従業員たちにアナウンスしていたし、従業員は皆決まったことだと理解していた。それが白紙である。

中国においては口約束は何も信用できない。契約文書があっても同様である。信用できるのは実際にビジネスがスタートした時点であり、かつお金が入金された時である。ビジネスが始まってもお金の入金がないとすべては絵に描いた餅なのだ。

南京の投資案件キャンセルに加えて、8月に予定していた大型物件の施工開始が翌年にずれ込むと連絡を受けた。

その夜いろいろなことを考えた。私はこの業界に向いていないのではないか。3年目になっても大赤字である。客先も商品も不安定であり、人員も一時期に比べて大幅に減った。人員が減ったことで人件費削減ができ、なんとか運営することができているが、結局人がいなければ会社は成り立たない。

資金は底をついているし、翌年にずれ込んだ施工開始まで取り組むことのできる仕事はない。会社を解散することも考えたが、会社運営に必要な最低限の従業員を確保したまま、日本の大手建材会社とのタイアップの商談を展開させることにした。

この商談は順調に進み、翌年の契約という話になった。しかし、商売を開始するまでには半年を要する。その期間中の社員たちの給与はわずかに残った資金でやりくりすることになるが、私自身が無収入では生活が成り立たない。会社を休眠させている間、収入を得るために私は再就職活動を行うことにした。

早速人材会社を探して7社ほどに履歴書を送ってみた。食いつきは早く、すべての人材会社から面談の要望が来た。

人材会社にとって我々は商品であり、高く売れる人材を好む。人材会社としては斡旋した人材の就職が決まると成功報酬として、その人材の想定年数に対する一定のパーセンテージが斡旋先会社から入金されることになっている。私に対しては中国でも名の知られた大手製菓会社出身という肩書に強い興味を持ったようだった。

7社の人材会社すべてを訪問し、履歴の確認と中国語の口頭試験を受けた。中国語には自信があったので問題なく、各人材会社からは高く売れる人材としての評価を受けた。その後数社の斡旋を受けた。

面接は現地の日本人総経理が行うことが多かった。ある食品会社では面接約束時間に30分も遅れて、面接担当官である総経理がやって来た。開口一番「いやー、昨日はゴルフをして腕が痛いんだよ。ごめんごめん」とのことだから、こういった日本企業は本当にダメである。

3年の任期で来ている彼らの多くは会社をよくしたいとはあまり考えていない。できる限り波風を立てずに駐在任期を終えることが大事であり、その期間をなるべく楽しみたいと思っている。そのため平日は日本居酒屋、日式ＫＴＶをはしごし、土日はゴルフ三昧、住まいのマンションは最高級というのが実情なのだ。

日本人駐在員幹部クラスに対し会社側は、駐在員手当、子どもの教育費、保険、所得税などで平均月額5万元（約75万円）以上は払っているはずである。これに年に1回以上の帯同家族全員の日本帰国費用まで出すのだから日系企業は本当に社員に優しいと思う。

しかし、これが現地採用になると条件はまったく違ってくる。

家賃、保険、ビザ代、教育費他込みで日本人駐在員の3分の1以下の扱いである。そのため日系企業も、中国語ができて文化風習を熟知している日本人を高給で雇用するより、５０００元（約7万５０００円）前後で日本語が堪能な中国人を雇用したいと考えている。日本の企業が期待、重視するのは会社への忠誠度と会社のポリシーの理解、そして社内の円滑な調整能力だ。その条件に該当すれば日本人にこだわる必要はない。

私のように中国語ができて、中国での長い経験を持っている40代前半の日本人男性を現地の日本人総経理が必要としているか。

答えは「ＮＯ！」である。それならば日本語がペラペラな20代の可愛い中国人女性を好むのである。

想像以上に就職活動は難航した。最終面接まで行く企業は数社あったが、先方の給与の提示額があまりにも低く、残念ながら断ることが続いた。「ぜひとも上海に出店してみたい。どなたか経験豊富な方に立ち上げをお願いしたい」といった元気のある企業に巡り合うことができなかった。

面接を開始して2ヶ月目に入ると、日本勤務での引き合いが数社出てきた。月に数回の中国出張があるようだが、思ったよりも給与は低かった。先方の提示額は300万円前後、業務内容は中国向け輸出部門長である。台湾の業者からもヘッドハンティングを受けたが、上海で働きたかった私は満足の行く再就職先を見つけることができなかった。

中国でのアルバイトと時給

中国における大型連休とは、春節《シュンセツ》（1〜2月農歴。約10日間）、黄金周《ゴールデンウィーク》と中秋節《チュウシュウセツ》（9月農歴、中秋の名月）につながる国慶節《コッケイセツ》（約7日）の休みである。

9月10日に従業員の給与を払い終え、すぐに中秋節と国慶節の休みに入った。

国慶節が開けると、これまた給料日でこの時期は本当に収入が少なく支出が激しい。その上、中秋節前には客先や従業員に月餅《ゲッペイ》やそれに相応する商品チケットを配る習慣がある。月餅といってもピンキリで当社で一番大事な客先には500元（約7500円）前後のものを送った。

月餅とは名前の通り、中秋の名月を象った丸い形をしており、中に各種の餡が詰められている。日持ちさせるために特殊な油を使っているため味はよくない。ようは毎年の風習であり、もらっても食べずに別の人にそのまま贈るのだ。厄介な代物だと私は思う。

当社では毎年従業員には食べられない月餅ではなく、有名なパン屋の商品クーポン券を贈るようにしている。1年間の有効期限があり、好きな時にパンやケーキに引き換えることができるのだ。

客先の財務担当者には大型スーパーの商品券を渡した。スーパーで買い物にも使えるし、チケットショップに持っていけば80パーセントで換金してくれる。ようは付け届けである。実際客先の財務担当者に商品券を届けた翌日に、翌月入金のはずの貨物代金が早速振り込まれていた。中秋節の贈り物には月餅ではなく商品券が感謝されるのである。

再就職探しをしてもなかなか決まらないので、いても立ってもいられずアルバイトを探すことにした。資金が底をつき家にずっとこもっているわけにもいかなかったのだ。

この頃、私は本当に困窮していて、食事に困った時日系デパートには本当に救われた。デパートの地下階、通称デパ地下は食材の宝庫である。つまりは試食に事欠かないということだ。上海にオープンして間もない高島屋のデパ地下は本当に素晴らしい。パン屋、ケーキ屋、惣菜屋などが軒を連ねているが、積極的に試食品を配っているのである。

特にパン屋にはお世話になった。厚切りのパンをこれでもかというぐらい試食のコーナーに置いてくれている。基本的にそのコーナーは無人なので3往復ぐらいしても問題ない。事実一番資金に苦しい時期は、従業員に給与を払うと、私の財産はまさにゼロになってしまった。その時は1週間に2回ほど高島屋にお世話になった。3往復もするとパンの試食量は相当なものである。しかも隣の店のケーキ付きときたものだ。

ケーキ屋の従業員は会社の身になって考えることなどない中国人であり、よく厚切りケーキを食べさせてくれた。私は決まって毎回スーツを着ていたので誰もとがめる者はいなかった。同時に、中国の路上ではものもらいをよく見かけるが、高島屋に来れば食には困らないのではないかと思った。しかし、彼らが入店しようとすると警備員は阻止しようとするだろう。彼らが小綺麗な格好をしていれば大丈夫だろうか？ そのボーダーラインはどこにあるのだろうなどと考えた。

日本人的な「何度も往復して試食で腹を満たすような礼儀知らずのやつはいないだろう」という考え方をしている日系百貨店には悪いが、それは中国では通用しない。少なくとも困窮していた私にとって恥など関係なかった。背に腹は代えられないのである。

大手製菓会社の上海支店時代に、大型スーパーで試食セールを行い、店頭に立ったことがある。ヒット商品のチョコレートの試食だった。

透明手袋をして1個1個消費者に手渡しして食べてもらった。皆食べると「美味しい！」と言ってくれた。何回も試食に来ているのだろうが、チェックできる余裕もないほどの人だかりだった。それどころか、そんな小細工はせずに「もう1個ちょうだい」と言ってティッシュに包んで持ち帰るおばさんも多かった。

一旦「美味しい！」と言ってしまうとメンツがあるのが中国人である。当時20元（約300円）もしたチョコレートを2箱も3箱も買い物カゴに入れていくのである。店頭に立っていた私は感動した。飛ぶように売れていくのである。

調子に乗ってその日に用意していた以上の製品を開けて試食を継続した。昼過ぎにスーパーのバイヤーから携帯に連絡を受けた。「レジ前がとんでもないことになっているので処理してくれ！」というのだ。

急いでレジ前に走っていくと、陳列棚にチョコレートの箱が大量に積み上げられている。こんなところに陳列した覚えはない、なぜこんなことになっているのかと考えて、先程のおばさんたちが見栄で商品を手に取るが、精算前に買いたくないからとここに積み上げていったのだと悟った。

落胆しながら1つずつ検品すると、なんとすでに開けて食べられているものが多数あった。それ以降、試食販売はやめた。

アルバイトを掛け持ちする

アルバイト探しを始めた私だったが、こちらも簡単にはいかなかった。40代のオヤジということもあるのだろう。いろいろなバイト候補先を回ったが丁寧に断られた。こんなに断られると結構めげるものである。

ちなみに日本人の上海でのバイトの時給の相場は、おおよそ20元（約300円）～100元（約1500円）といったところである。仕事内容にもよるが、居酒屋などの飲食店のバイトは20～30元、塾の講師などが100～150元だ。

11月に入るとバイトも決まり、数社でお世話になった。

平日の昼間はアンケート調査の日本語入力や修正、アンケート応募当選者への電話連絡のバイトをした。男性は私だけで、他のバイトたちは皆若い中国人女性だった。ここでは1日に400件以上もの電話をかけた。

日本語入力や修正というのは、日本人が手書きしたアンケート用紙の日本語を入力もしくは修正する業務である。読解に苦労する文字も多かったが、一日中ほとんど同僚と話すこともなく、定時に終了。気楽なものである。35元の時給だった。

平日の昼間はインターネットショップの会社にもお世話になった。ここの男性社長は若いが日本語が堪能でなんと言っても頭がよかった。日本の楽天にショップを開き、中国の商品を日本に斡旋している会社である。

日本の楽天で商品が売れてから中国のメーカーへ代金を支払う流れであり、中国メーカーに支払いのタイミングが遅いことを説明する必要があった。日本の関係企業であることを強調するため、日本人アルバイトの私が電話、もしくは社長に同行して、わざと下手な中国語で相手に説明をするのである。このアルバイトをしてからしばらくの間、中国語の発音がおかしくなった。ここも35元の時給だった。

土日の昼間は日本語教師のアルバイトをした。家の近くに語学教室があり、交渉して新たに日本語教室を開講してもらったのだ。

最初は高校生1人の教室だったが、1ヶ月もすると6人まで受講生が増えた。日本語51音の発音、ひらがな、カタカナからはじめて、基本的文法に至るまで毎週土日に先生を務めた。実際に日本語を教えてみると実に難しいものだった。そのため金曜と土曜の夜は日本語の予習に追われた。おかげで私の日本語の発音と文法はより正しいものになった。時給は100元で一番高かった。

ほとんどのスケジュールがバイトで埋まったが、平日、週末ともに夜が空いていた。バイト広告を見て応募し、日式焼肉店でウェイターのアルバイトを始めた。16時に入店し、24時のあがりである。家から電動バイクで片道1時間かかった。

この店は焼肉、日本料理が食べ放題、飲み放題の店であり、店内は最大100名収容可能だった。オーナーは上海人夫婦であり、日本滞在歴が長く、日本語が上手だった。もともとはTさんという日本人オーナーの店だったが、Tさんはある女性に1億円騙し取られて結局この店を手放すことになった。Tさんは上海人夫婦に店の権利を売り渡し、雇われ店長としてこの店の受付カウンターに座っていた。

私は大学生の頃、マンダリンパレスという中華料理店で長い間ウェイターをしていたので自信があった。メニューをすべて覚えて、中国人のお客さんのオーダーも積極的に取るようになった。

すると突然Tさんが日本に帰国するという。日本にいる奥さんの身体の調子が悪く看病しなければならないというのだ。Tさんと引き継ぎの打ち合わせをして以後私が受付カウンターに座ることになった。

接客をすると日本人客の態度が非常に悪いことに気がついた。おそらく中国での仕事と生活に相当ストレスがたまっているのだろう。中国人ウェイターを呼ぶ態度も悪いし、料理が遅いと必要以上に叱りつけてくるのである。そんな時あえて私が間に入って「何か不都合がございましたか?」と日本語で問うと「え!　日本の方?」と急に丁寧になる。中国人のスタッフの方々はいつも本当にお疲れ様である。

ある日、日本人客が非常に怒っていた。話を聞くと「瓶ビールが全然冷えていないじゃないか!」ということであり、「すいません!　今冷えたビールをお持ちします」と言い、冷蔵庫の一番奥のビールを持っていった。

お客さんはすぐに一本飲み干して、私に向かって笑顔で手を上げて「店長、もう1本冷えてるやつよろしく!」と言った。嬉しさがこみ上げてきたと同時に、飲食業のほうが自分の性格に合っているのではないかと感じた。ここは20元の時給だったが、まかないが出たので食事に困ることはなかった。

追ってくる中国人を煙に巻いているうちに

アルバイトに行く途中、私はいつも前後を注意していた。例の余からの尾行や報復を恐れたからである。自分が狙われることよりも、お世話になっているお店や企業に迷惑がかかることが嫌だった。

出勤する時もわざと分かりにくいように道を何度か往復した。焼肉店に出勤する時には電動バイクのバックミラーを頻繁に確認した。そういえば以前お世話になった大阪の塗料会社社長が上海に来るたびに５つ星ホテルの玄関で周囲を見回してからチェックインしていたことを思い出した。中国では味方と同じ数だけ、敵も生んでいるようでならない。もちろんなるべくなら敵など作りたくないのだが、生きていく上で敵がゼロというわけにもいかないのである。

余が派遣したヤクザ者はしつこく連絡をしてきた。心理作戦である。

「今お前の後ろ姿が見えた」とか「やっとお前の家を突き止めた。今、家に行くから待っていろ」などの脅し文句である。そもそもなぜ私が脅されなければならないのか。そう考えると悔しくなってきた。振り返れば拘置所送りになったり、殴られたりいろいろなことがあった。来るなら来い、返り討ちにしてやる！　そんな気持ちになってきた。

また携帯電話が鳴った。奴らからである。勢いよく電話を受けて「俺の住所は上海市○○路○○番地○○マンション○○号室だ！　いつでも来い！　今もいるぞ！」と言った。相手は「分かった。待ってろ」と言って電話を切った。私は電話を切ってから後悔した。

しかし、その日1日待ったが誰も来なかった。翌日も来なかった。丁寧にもショートメールで相手に住所を送ってやった。それからかなりの日数が経つがいまだに誰も来ない。

知り合いのその筋に詳しい中国人に聞くと、「それでいいんだ。相手にしてみれば、そんなふうに自信を持って住所まで教えられると策略があるんじゃないかと思って逆に近寄れないんだ」ということだった。これで少しは中国が分かったということなのかなあと私は感じた。

今では中国人と喧嘩になった時、相手の「警察を呼ぶぞ！」の一言に、私も「ああ！　大賛成だ！　警察を呼ぼう！　お前が電話しろ！」と平気で言えるようになった。面倒な顔でやってくる警官を見るのもいい暇つぶしである。互いに手を出さない以上、警察が来ても何もできないのだ。

そういえば以前、拘置所から出てきた後、少しの期間だけ日系の塗料会社に籍を置いたことがあった。その時、上海工場の従業員幹部が突然反旗を翻し、工場に立てこもって賃上げストライキを決行した。一番出荷が多い時期であり、営業所長だった私は客先に頭を下げて商品の遅延のお詫びに回った。

60人前後が参加したそのストライキは1週間ほど続き、結局会社側が賃上げを認めることで決着を見た。しかし、会社がそのまま黙っているはずがなく、ストライキの首謀者３人を突き止めて降格処分にすることにした。

だが、降格の書面を本人たちが受け取らない。挙句の果てには、引き継ぎをすることもなく、機密配合表の入ったパソコンを持って逃亡した。彼らの行方などどうでもいいが、パソコンはどうしても取り返さなければならない。他の従業員をあたっても見つからないので、探偵業者に依頼して３人を探すことになった。その担当がなぜか私になった。

拘置所で仲良くなった西村に聞いて探偵会社と連絡を取った。彼は不思議とこの方面に詳しいのだ。

朝10時に会社近くのコーヒーショップで探偵と待ち合わせをした。サングラスをかけて帽子を深くかぶった探偵は40代前半のようだった。探偵は私に軽く会釈をしてから流暢な中国語でウェイターにアイスコーヒーを注文した。注文を終えてゆっくりとサングラスを外したその眼光は、恐ろしく尖っていた。

「ところで依頼内容は？」

探偵の問いに、私は事の経緯を説明した。ひと通り聞き終わった後に探偵は更に問いかけてきた。

「それでその3人をどうしたいんだ？」

「どうするわけではなく、どこにいるかを調査してほしいんです。ちなみにどんな選択肢があるんですか？」

探偵は平然と答えた。

「ここ中国ではお金を払いさえすれば何でもできるよ。殺すのか。締め上げるのか。殺せというのなら安徽省の奴を1人送り込む」

それを聞いて背筋が寒くなった。ただの探偵ではない。西村君、ひょっとして紹介する人間違えたんじゃないのと心の中で呟いた。

話し合いの結果、今回は居場所を調査するだけにした。

1人探すのに1週間で5000元（約7万5000円）、日本語での調査書作成に1枚1000元（約1万5000円）、調査期間が1週間を超える場合は別料金が発生する。しめて1人あたり6000元である。

簡単な依頼文書にサインをして、互いに少し緊張がほぐれたところで、探偵に身の上話を聞いてみた。

彼は日本人で、30歳の時に商社マンとして上海に駐在した。青島、広州、成都と各営業拠点を歴任し、最終的に上海本店に戻ってきた。計10年の駐在を終えて帰国したが、日本本社で適応できる部署はなく、結局辞表を出して上海に戻ってきたということだった。

退職金を使って上海に貿易会社を設立し、以前の中国人部下を雇用し、日本への輸出業務を開始した。しかし一番信頼していた中国人部下の裏切りにあった。資本金を持って逃亡したのだ。

給与が支払えなくなったのを見て、他の従業員が裁判所に訴えた。彼はやむなく日系のある小さな商社に現地採用として雇われて2年間勤務し、その間の給与はすべて賠償金にあてた。彼に残ったのは中国人に対する深い恨みだった。

ん？　どこかで聞いたような話だぞ。そうだ、自分と一緒の道を歩いたのだと、この原稿を執筆しながら思う。その後の彼はまた言葉では言い表すことができないほどの苦労をしたらしい。

最終的に今のネットワークを築き上げ、数人のヒットマンを抱えるまでになった。広告を出せる商売ではないが、口コミで結構受注が来るらしい。参考までにヒットマン依頼の金額を聞くと、成功報酬で3万元（約45万円）ということだった。

探偵は調査する3人の名前を聞いたが、彼らの写真などは要求してこなかった。「名前だけで調査できるのですか？」と聞くと「ええ、プロですので」という彼の一言に何も言えなかった。

1週間ほどして探偵から「調査を終えました。報告書もできました」と報告を受けたので確認すると、とんでもなく簡易なものだった。しかも3人は見付からなかった。この内容では会社に提出できないし経理処理もできないので、探偵の提出してきたワード文書にかなりの修正を施して会社に提出、承認を経て探偵への報酬支払とした。

余からの脅しに辟易していた私は、この時の探偵を思い出し、彼の携帯に電話をかけてみた。別にヒットマンの依頼をしたかったわけではないが、蛇の道は蛇とも言うし、よいアドバイスをしてもらえるかもしれないと思ったのだ。コールしてみると現在使用されていなかった。続けて西村にもかけてみたが、同じくつながらなかった。2人にあれから何があったのかは今となっては分からない。

安徽省と河南省の出身者

探偵がヒットマンとして使っていたのは安徽省の人間だったが、安徽省と河南省の出身者は信頼してはならないと中国人の間では警戒されている。

この2つの省の人間は上海に特に多い。レストランでウェイトレスをしているのは大抵安徽省の女性である。安徽省の男性は多くが施工部隊であり、だいたい手に入れ墨をしていて獰猛な顔付きをしているというのが私の印象である。河南省は前述したように中国最大の人口を抱える省であり、都会に出てくる者の中には知識水準が低い者が多い。

私の会社が担当した上海の施工物件で、安徽省と河南省の人間を交えた事件が発生したことがある。

上海の布団メーカー本部ビルの施行が完了に差し掛かった時期だった。布団メーカー購買部の担当者から私に「施主である布団メーカーが今回の物件の費用をゼネコンに支払わないことに決めたようだ」という連絡が入った。施主がゼネコンに費用を支払わない場合、ゼネコンの下請けである当社には当然費用が入ってこない。

購買部の担当者は私に続けて「御社とゼネコンの契約内容に基づき、今月中に費用を回収しておいた方がいい」とアドバイスした。この担当者には事前に多額の賄賂を渡していたので、情報を得ることができたのだ。

この物件に使う塗料は当社製造であり、施工は上海人の峰《ミネ》という男に外部委託していた。峰は、顔は痩せて目の下に大きな隈を作った、しかしお洒落な男だった。峰の妻は安徽省人であり、前述したハシゴから落ちて大怪我をした棟梁とは親戚関係である。今回の物件の施工責任者は峰だが、現場で動いているのは安徽省と河南省の混成部隊だった。

施工が始まると早速次々に問題が発生した。

まずは安徽省人と河南省人との間の抗争である。ようはどちらがどのビルを手がけるのかというメンツの問題だった。最終的に峰が割り振りをした。

続いて安徽省部隊の2人がゼネコンの電動バイクを盗んで逃走し、罰金を支払うことになった。そして今度は河南省部隊が皆安全ベルトと安全メットをつけておらず、また罰金である。本当に手がかかる連中だ。

布団メーカー購買部の担当者からの連絡内容を峰に話した。すると峰から提案があった。それは、ゼネコントップを呼び出して軟禁して強引に支払いをさせるといったものだった。

「我々に対して未払いがある状況でゼネコンのトップがやって来たりはしないだろう」

私が指摘すると、峰は強気で言い張った。

「いや、必ず呼び出す。まずは奴の会社に行って嫌がらせをする。毎日会社で大声で叫んでやる！　そうすれば来るだろう」

峰は早速実行に移し、ゼネコンの2つのオフィスを毎日往復した。しかし、当然ゼネコントップは会社には来ない。彼らにとってみればこのような未払い騒ぎは日常茶飯事であり、峰が事務所で大声で叫んだところで、誰も見向きもしなかったのである。峰は真面目な顔で私に提案した。

「あなたは日本人だから中国人は信用する。あなたがゼネコントップに電話をして今回の件を話し合いで決着しようと言ってくれないか？　そうすれば来る確率が高い」

軟禁などという手荒なことはしたくないが、当社としても費用の回収をしなければならない。無茶なことはするなと峰に言い含めた後、私はゼネコントップに電話をかけた。

以前、名刺交換をしていたのでその人物は私の携帯番号を登録していた。

「もしもし！　何の用だ？」

すぐにゼネコントップは電話に出た。この人物は名前を馬《マー》といい、50歳ぐらいの痩せ型のヤクザ風の男である。私は努めて冷静に紳士的に切り出した。

「忙しいところすいません。今回の物件の件でご相談申し上げたいのですが、スターバックスでコーヒーでも飲みながら話しませんか？」

馬からの回答は「ＯＫ」であった。

峰の主導で早速準備が進められた。事前にスターバックスの店長に贈り物をして、スターバックス内で恫喝することの了解を得た。

馬を軟禁するメンバーは安徽省の施工部隊である。馬がやって来る前に近くのマクドナルドで打ち合わせをした。彼らは皆手に刺青をしており、歯はヤニで黒く、着ている服は薄汚れており、臭かった。

打ち合わせ中、ポテトを貪り、煙草を吸っていて全然話を聞いていなかった。計画では、まずは私が馬と2人で話し合いをし、すぐに彼ら6人がスターバックスに乗り込んできて私とともども取り囲むというものだった。一抹の不安が残った。

計画当日、馬は時間通りにスターバックスにやって来た。私は馬を一番奥の席に通して、当り障りのない話題で時間をつないだ。しかし、10分経っても誰もやって来ない。

馬が費用回収の本題を切り出してきたので、私は率直に今後支払いはどうなるのかと聞いた。すると馬は「施主が払わないのでゼネコンとしてもどうしようもない！」と声を荒らげて席を立とうとした。この時点で店に入ってからすでに20分以上が経っていた。

安徽省の奴らは何をしているんだと思い、必死に馬を引き止めた。しかし無駄だった。馬は私の必死さを見ておかしく思ったのである。逃げるように去っていった。

それから5分ほどして安徽省メンバー6人が駆け込んできた。その上で「あれえ？　奴は？」と私に聞いた。「もう帰ったよ。ところで君たちは何をしていたの？」と聞くと、「皆がバラバラにトイレに行ったり煙草を吸いにいったり買い物にいったりで集合場所に集まらなかったんだ。今集まって乗り込んできたというわけさ！」との返事である。人選を間違えたのだ。

しかし、大きな費用なので当社としても泣き寝入りするわけにはいかない。再度峰と相談して次は私と峰で馬を引き止めることにした。

私から馬に電話をして「前回うまくお話できなかったので、もう一度会って話がしたい」と申し入れると、意外にもすぐ「ＯＫ」の返事だった。その上で「どこで会うんだ？」と聞かれたので、思わず「いつものところで」とスターバックスを指名した。

当日馬は時間通りにスターバックスにやってきた。１人である。今回の我々の実行犯は前回の反省を活かし、河南省施工隊である。４人揃えたが皆大柄だ。

作戦はほぼ前回と同じだが、今回は峰が大きく背伸びをしたのを合図に4人が入ってくることにした。馬を一番奥の席に座らせて私と峰で費用支払いに関する話し合いに入った。

すると峰が合図もしていないのに4人が入店してきた。おそろしい形相で取り囲むところまでは予定通りだったが、話がまったく噛み合わない。峰が彼らに「お前ら何しにきたんだ？」

と聞く始末である。そのうちに峰と4人の間で口喧嘩が始まった。私が仲裁に入っている隙に馬は逃げていってしまった。

振り返ればこの時馬を恫喝しなくてよかった。だが、結局費用は未払いのままになった。中国でのビジネスはまさに生き馬の目を抜くような姿勢でなければやっていくことはできないのである。

就職活動そして……

アルバイトをしながら時間を見つけて再就職活動を続け、上海の食品貿易会社から内定をもらうことができた。この時、私は非常に悩んだ。これまで中国で創業してからさまざまなトラブルに巻き込まれてきた。この国で社長業を続けるのは困難の連続だし、自分に向いているのだろうかと真剣に考えたのだ。

私は知人の日本人経営者のことを思い出した。中国滞在歴が長く、中国語はできないが生産工場を持つ社長である。彼は苦節の末、今は大金持ちになっている。

経営が行き詰まった時、この社長を頼ったが資金は一切貸してくれなかった。代わりに彼はこのような言葉を私にくれた。

「社長業は他人に時間と行動を拘束されることなく、自分自身の考えで会社という船の舵取りをする仕事である。時間はあるのだから考えて考えてまた考えるのだ。考え抜いた案を実行に移し、常に前を見て航行していくのだ。しかし舵取りを間違えることもある。間違えた時にどう修正するかも船長であるお前の腕の見せどころなのだ。それでもどうしようもない時は船を降りる決断をしろ。降りる決断をできるのも船長だけなのだから」

廃業という言葉がちらついたが、創業者にとって子どものような存在である会社をなくすというのは考えたくない選択肢である。私は考えぬいた挙句、結論を出した。会社は信頼できる日本人に名義変更し、譲渡することにした。私は船を下りる決断をした。船を下りてみると身体が宙に浮いた気分だった。

再就職をした私は毎月固定の給与をもらい、安定した生活を送ることができるようになった。しかし経営者風従業員とでもいうのか、他の従業員のサボりや能力不足が許せないという気持ちがあった。自分の会社を譲渡したという心の隙間を埋めるため、熱心に仕事に打ち込み、毎日数十件の店回りをして靴を何足も履きつぶした。

再就職先にお世話になって数ヶ月が経ち、日本に出張する機会があった。しかし、浦東飛行場でチケットの交換を終えて、出国管理窓口に進んだところ、出国が許されないという回答があった。

その時は理由が分からず当惑したが、余たちが起こした裁判が影響していたことがあとになって分かった。

余たちとの裁判は完全勝訴となったが、余たちは寧波時代の給与や社員保険の件で訴えを起こしていた。寧波の会社は雲隠れした丁成が作ったものであり、私とは直接関係はない。しかし、雇用契約書などのサインはナンバー2だった私のものになっていて、それが問題になったのだ。そのことが原因で私の出国制限が設けられていると弁護士の朱先生から連絡をもらった。過去に多くの韓国人が中国でビジネスを興しては金を返さずに韓国に逃げ帰るという事件が多発し、中国当局が苦肉の策で外国人に対してこのような法令を発したということだ。

またしてもここで余が立ち塞がるのかと心が暗く沈み込んだ。脱出法を探ったが抜け道はなく、出国制限を解くために裁判所に費用を支払わなければならなかった。

中国で会社を登記する必要があるのか

上海で仕事をしていると会社の登記証明を先方に提出したり、領収書伝票を発行したりする機会が意外に少ないことに気付いた。

建築業界、特に塗料分野においては、個人口座でのやり取りがメインである。そのため領収書が発生せず、会社の財務諸表はいつまで経っても業績が好転しない。資金も会社の財務を通らないわけだから、企業所得税やその他の税金の類いを支払うことがない。コンサルタントの郭社長はこれを「脱税」ではなく「節税」と呼ぶ。

このような実態があるから営業登記の資本金の額などは絶対に信用してはならない。多くの企業がやる手法は、専門会社から数パーセントの利息で金を借りて入金させ、翌日返金するというものである。そうして資本金の額を1000万元（約1億5000万円）も積み上げている会社が数多く存在している。

そもそも登記をせずに営業活動をしている連中も多い。先方に営業登記証明などの書面提出が必要な場合は、大企業に依頼してマージンを払い、その企業のものを借りるのである。しかも名刺の肩書はその大企業の総経理になっている。

しかし、実際にはその大企業と雇用関係も資本関係もまったく存在しない。中国で名刺交換をした時、相手が総経理である場合、本当にその会社の執行代表か見極めなければならない。

合法的に正式に会社を設立すると、験資費用、コンサルタント費用、弁護士費用、個人取得税、企業所得税、税務登記費用、事務所リース費用など、さまざまな費用が必要になる。もちろんそれが「正しい」のだが、もぐりで会社まがいのことをやっていれば何の必要もないのだ。

客先が来た時だけ友人の車と事務所を借りて、相応の費用を友人に渡せばいいのである。実際このような会社が驚くほど多い。そのため建築業界でいう施主やゼネコンは名刺だけでは相手を信用しない。大型物件は巨額の費用が動く。また、品質の問題が発生した場合に幽霊会社では目も当てられない。何度も工場を見にきたり打ち合わせを行うのは、会社の規模、信用を確かめるという側面もあるのだ。

もし私がもう一度中国で一から事業を起こすのであれば、間違いなく会社登記はしない。友人のオフィスの机を借りて、個人事業主としてスタートさせる。その事業が軌道に乗ることが見えてから正式に登記しても遅くはないのである。

おわりに

原稿を執筆しながら振り返ると、ああ！　本当にいろいろなことがあったなあと思う。毎日がハラハラドキドキの連続だった。タイムマシーンがあって、もう一度やり直せるのならばこの経験を脳裏に刻んだまま過去に戻って成功したい。失敗して初めて理解できることが中国ではあまりにも多いのである。

恥ずかしい失敗談と、中国・中国人批判が多いが、あえて真実を探求して書き上げたつもりだ。読者の目にどう映るかは別にして現場の生の声を聞いていただき、今後、中国でのビジネスを考えている方などにとって参考になれば幸いである。

中国でのビジネスはこれまでに記してきたように日本では考えられないようなトラブルが起こり、さまざまな障害が立ち塞がるが、日本においても第二次大戦で敗れた後、焼け野原になった国土で創業した人たちがいたことを忘れてはならない。

最近、日本人駐在員と一緒に食事をする場が増えてきた。彼らの話題はもっぱら会社の上司と日本経済、日本政府の批判だが、自らが何かを変えていこうとする者は存在しない。私もそんな立派なことを言える立場ではないが、１つだけ確かなことは、人生の中で大それたことをして他人に良いにせよ悪いにせよ影響を与えてきたということである。

不景気といえども、食べるものに困らない昨今の日本において創業者が圧倒的に少ないのは何か物足りなさを感じてしまう。

私が他人に譲渡した塗料会社は、以前の取引先からも多くの引き合いがあり、順調のようである。この会社が将来大きく羽ばたく企業に成長してもらいたいと願っている。

以前、バイトをしていた日本語教室では今でもボランティアで日本語を教えている。先日、教え子の女の子が日本語で自己紹介をした。

「私は先生と皆と一緒に日本語が勉強できてとても嬉しいです」

ゆっくりと話す彼女の言葉に涙がこぼれそうになった。これまで私は、日本人は日本人、中国人は中国人として分けて考えすぎていたのかもしれない。中国に憧れた私は中国でビジネスに失敗した。だが、日本と中国に橋をかけるビジネスならば、これまでの経験を活かすことができるのではないか。今年私は43歳になったが、人生は始まったばかりである。

一度は船を下りたが、新しい乗組員を集め、新しい船に乗ればいい。今度、出版するときは「中国で会社をつくったら、成功しました」などというタイトルの本でも出したいものである。

著者紹介

高杉裕二（たかすぎ・ゆうじ）
1971 年大阪生まれ。子どもの頃から中国の歴史が好きで、京都外国語大学に入学し中国語を専攻する。1994 年に大学卒業後、大手製菓会社に入社。その後、東京、日本国内の営業を経て、2002 年に中国上海駐在。上海工場の立ち上げ、中国国内営業を経験する。3 年の任期を終え、日本に帰国後、同社の海外事業推進部にて韓国、タイ他世界を相手に貿易業務を担当。
海外への赴任希望により同社退職後、電子関係会社の台湾台北販社に駐在。数年後に塗料会社の上海営業所所長となる。その後ある中国人と知り合い寧波にて塗料工場の立ち上げを経験し、最終的に上海に戻り塗料会社の創業者となる。

中国で会社をつくったら、ひどい目に遭いました

平成 26 年 5 月 12 日　第 1 刷

著　者　高杉裕二

発行人　山田有司

発行所　株式会社　彩図社《さいずしゃ》

〒170-0005　東京都豊島区南大塚 3-24-4 MTビル
TEL:03-5985-8213
FAX:03-5985-8224

印刷所　新灯印刷株式会社

URL：http://www.saiz.co.jp
http://saiz.co.jp/k（携帯）→

　ISBN978-4-88392-974-0 C0136